他者との出会いを仕掛ける授業

傷つくことからひらかれる

島田博司

人文書院

●もくじ●

他者との出会いを仕掛ける授業

――傷つくことからひらかれる

はじめに

学歴信仰の終焉

一九九〇年代に入り、バブルが崩壊した。それまで、しあわせの条件と考えられていた「いい学校に入り、いい会社に入り、いい人と結婚する」という学歴信仰に一定の終止符が打たれた。立身出世主義が崩壊し、エリートのつまらなさ、ブランドのはかなさ、充実感のない人生が身に迫ってきた。

どうしたらしあわせになれるのか、そのモデルがない時代の到来。自己選択・自己責任で自分がどうするかが問われる、つらくてリスキーな時代のはじまりである。

そこで、「個性」が注目されるようになった。ここで問われる個性とは、「生まれたままの個性」(個体差・個人差)のことではない。さまざまなことにチャレンジした結果として「身についた個性」(技量差・度量差・器量差)のことである。自分で克ちとったもの、あるいは築きあげたものといってもいい。それによって、自信もつく。

しかし、行く手に成功の保証はない。不安はつのる。

「こんな時代に、自分らしく個性的に生きるにはどうしたらいいか」

問いは真剣である。しかし、この問いに答えるのはなかなか難しい。容易に答えがでるものでもない。

そこではじまったのが、「生まれたままの個性」が自分のなかに埋もれたままあるのではないかという、ある種安易な〈自分探し〉だった。それさえ発見できれば、自分はしあわせになれると考えた。

ラクに楽しく要領よく生きたい

学生の生き方が気になっていた私は、あるときふと学生の口からこぼれ落ちたフレーズが耳に残った。

「ラクに楽しく要領よく生きたい」

この言葉は、「自分らしく個性的に生きたい」というときの現場バージョンをきれいに映しだしていた。「個性＝自分らしさ」を追求するという「しんどい」ステップはどこかに置き去りにされ、「ラクに」「楽しく」「要領よく」というすっかり脱力したものに変わっていた。

そのとき、私の頭のなかでなにかがパーンと弾け、いろいろな疑問の答えが一気に得られた。

要領の問題性

ところで、この「ラクに楽しく要領よく生きたい」という生き方自体には、とくに問題はない。だれでも、できれば要領よく生きたいだろうし、それが生物一般の本質だろう。

では、この生き方が問題を生むようになるのは、どんなときだろうか。それは、それぞれが他者のことを考えずに、ただただ自分の思い通りにラクに楽しく生きられればよいと考え、行動するときである。

本来、自分がラクに楽しく生きようとするとき、自分だけがそうしようとしてもうまくいかない。人は、人と人との間に生きている。人は、自分ひとりだけで生きているわけではない。

だから、他者とのやりとりのなかで、双方になんらかのメリットがない場合、問題が発生する。その状態が続けば、問題は深刻化する。

私語解禁⁉

私語は、その好例である。学校現場では、かつて私語はなんの疑いもなくタブーだった。しかし、一九八〇年代後半に入ると、学生側に授業に関連する話は私語でないという意識や、人に迷惑をかけないように短く話したり、小声でしたりすることは私語にはあたらないという意識が急速に広がり、少なくとも学生の間では教室で私語が許容される雰囲気になってきた。

ましてつまらない授業なら、その時間をラクに楽しく要領よく使ってもいいじゃないかという意識が行動にも表れ、それが私語となって姿を現すようになった。

そのとき、とりあえず私語する二人の思惑が一致すれば問題はない。しかし、片方にその気がなければ、お互いの人間関係にヒビが発生する。一見、学生は私語しながら、いい人間関係?ができているようにみえる。ところが実際は、話しかけられたから仕方なくつきあっている場合も少なくない。マジメなヤツ、つきあいの悪いヤツ、友達づきあいをしないヤツと思われると、後が面倒でもある。

ところで、授業には、他の受講生や教師も存在する。周囲の思いは、マチマチである。当然、私語をよしとする人ばかりではない。ここで、教師が注意を与えて私語が収まるなら話は簡単である。しかし、注意を与えてもしばらく静かになるだけで、また私語がはじまる。学生同士でも下手に相手を注意しようものなら、マジメなヤツとか思われ浮いてしまう。止め役もいなくなった教室では、私語が収まらず、学びの空気が失われていく。

さらに深刻なのは、私語しない（できない?）学生である。静かな学生は、私語できる人間関係すらできていない可能性が高い。かつて授業中には私語しない人間関係が普通だった。しかし、今や私語できない学生は、孤立を深めている可能性が高い。隣の席はいつも空席か、見知らぬ人しかいない。そんな学生のなかには、キャンパス・ライフをひとりで生きていくと決心している者すらいる。

ノート狩り

ところで、こうしたかかわり方の修羅場が年に何度か訪れる。それは学期末で、人間関係に嵐が起きる。

試験前には、試験のための「ノート争奪戦」が活発になる。私語してノートもとってない学生たちは、盛んに、しかも気楽にノート・ハンティングをする。それは集団化し、成果をわけあうのも日常化する。私語では個人的な要領が問われるが、ノート狩りでは集団的な要領が問われる。

その際、まじめにノートをとっている静かな学生や、ノート貸しを断りきれない気の弱そうな学生がいいターゲットとなる。一種のカツアゲ状態である。それを隠すかのように、一見親しい仲間がやりとりしているような笑顔でノートがやりとりされる。貸さないと、ケチとか心の狭いヤツと思われる恐れがある。それがイヤで、貸す学生もいる。普段のマジメの罪滅ぼしであるかのように貸す学生もいる。あれこれ思案するのが面倒くさくて、なにも考えず、頼まれれば条件反射のように貸す学生もいる。そして、やりとりされたノートは気軽にコピーされ、出所不明の形で世に出回っていく。

ときだけ友達

総じて、学生たちはその場の緊張感を高めるようなことはしたくない。このため、人間関係の危機管理として、「大学の友達とは、大学にいるときだけの友達」という割りきり方をして、クールダウンしたつきあい方をする。話題や行動パターンは、限定つきである。

キャンパスには、ある時空間だけを共有し、それ以外のときは人間関係をオフにする「ときだけ友達」で溢れかえる。そこには、先がどうなるか読めなくなるような場の豊饒性（豊かさ）はない。同じ時空間にいながら、同じ時空間をともにしているというより、狭い意味空間を共有し、なにがどうなるかわからなくなるようなことは忌避される。そうなりそうなとき、限定つきのかかわり方や、「かかわらない」というかかわり方をする。人間関係を切っていく。

〈自分探し〉の悪循環

他者からの踏みいれや踏みこみ、誘いなどを拒否し、他者を自分のテリトリーから追いだす。他者を受けいれる空間をだんだん小さくし、自分を守る殻をかたくする。

自他をわけ隔て、お互いの距離をおき、コミュニケーションが途絶えるにつれ、他者がだんだんみえなくなる。人間関係が定かでなくなるにつれ、〈他者なくし〉を誘発する。それと同時に、自分の存在が不確かになってくる。いきおい「透明な自分」「存在感のなさ」が身に迫ってくる。自分もだんだんみえなくなり、〈自分なくし〉にはまっていく。

個性的に生きるには、他者とのぶつかりあいが不可避である。だが、それはしんどい。しんどいから他者との関係を回避し、ひたすら自分の内側に関心を集中させる。けれども、他者にさらされていない自分に自信を抱くことはできない。そうなると、他者とのふれあいをますます忌避し、それが視線をさらに内向化させる。

この状態をなんとかしたいという気持ちは、表面上は人を傷つけたくないといいながら、本心は自分が傷つきたくないという思いで、他者と向きあおうとしない、内向きの〈自分探し〉の隘路に導く。そこでは、他者とぶつかりあい、競いあうことはない。〈自分試し〉や〈自分さらし〉をすることはない。「他者という回路」をへない〈自分探し〉の結果、〈他者なくし〉〈自分なくし〉の悪循環に陥っていく。「自分という回路」しかない。その行き着く先は、〈他者閉ざし〉〈自分閉ざし〉による孤立と孤独である。

でてくる言葉は、せいぜい「こんな自分にだれがした」といった憎まれ口。「私は傷ついた。なんとかして」といった、イヤで自分から遠ざけた他者への期待ばかり。早晩、「かわいそうな私」といった悲劇の主人公になる。そういう学生は社会性に乏しく、「どんなに否定されても私は自分自身の味方」という姿勢を崩さない。一見ポジティブだが、他者とかかわることのない状態を温存している。

自尊感情の低さ

いくつかの国際的な統計調査から、日本の若者や子どもの自尊感情の低さが指摘されている。ベネッセが継続的に行っている調査は、代表的なものである（図1、表1）。自己評価を控えめにしが

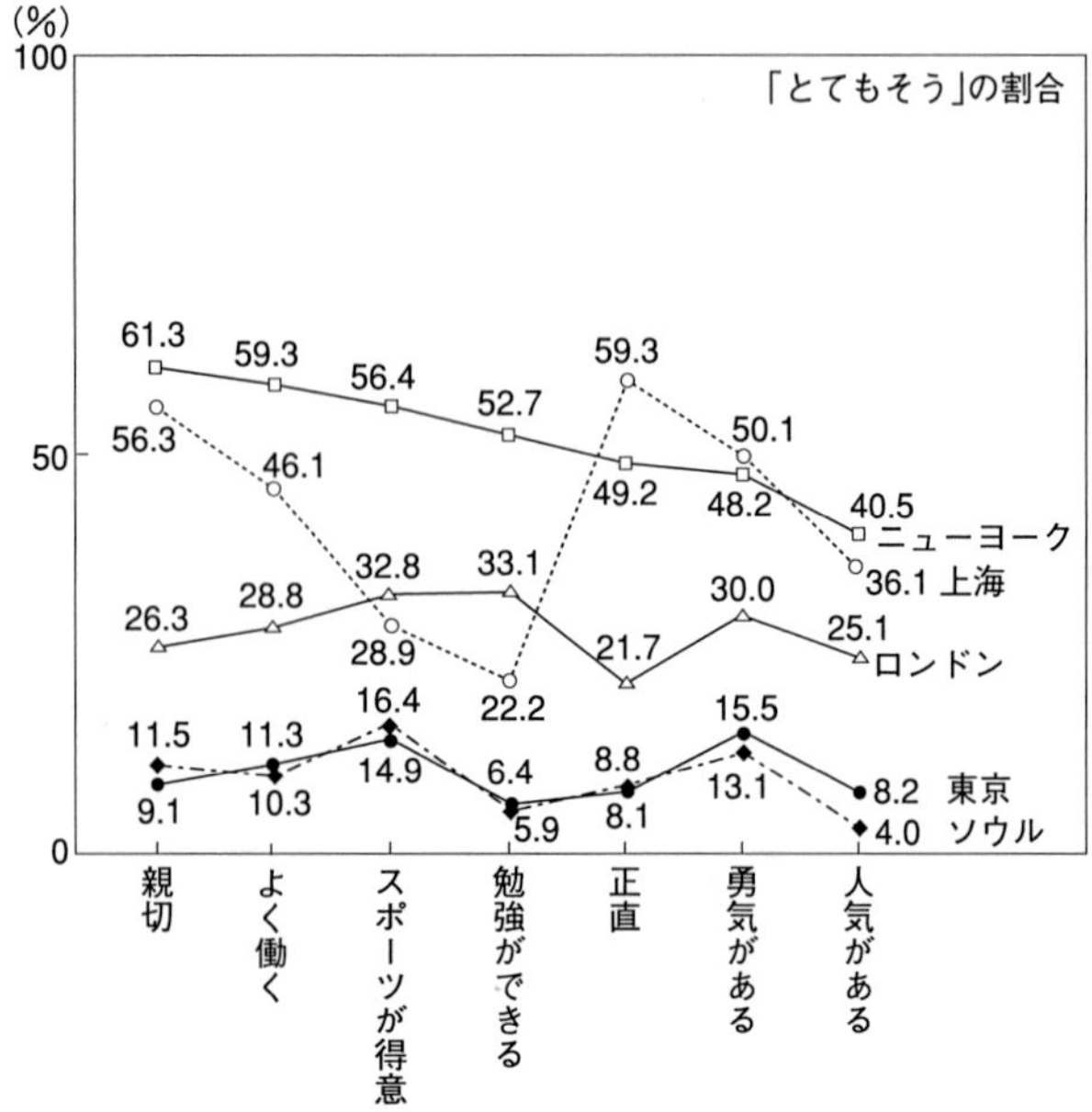

図1　子どもの自己像

（出典：福武書店教育研究所『モノグラフ・小学生ナウ　第4回国際比較調査「家族の中の子どもたち」』vol. 14-4、1994）

ちな日本人の「謙譲の美徳」を差し引いても、日本の若年層の自己に対する自信のなさ、評価の低さは突出している。

キャンパスのなかをふりかえってみても、授業でのやりとりのなかで、「先生、ムリー」「できない」というネガティブなリアクションが非常に多い。かつて「無語・避語」と私が名づけた学生たちの応答拒否現象も、自信のなさ、自尊感情の低さゆえの他者回避である。

また、どこの大学でも心ある先生なら、拒食・過食やリストカットなどの形跡がある学生の増加に気づいている。依存症に陥ってい

表1　自己像

（%）

		「とても」+「かなり」そう思う割合					「あまり」+「ぜんぜん」そう思わない割合				
		全体	男子	女子	5年	6年	全体	男子	女子	5年	6年
スポーツの得意な子	1980年	32.4	38.3	26.1	35.4	28.2	23.9	20.3	27.9	22.2	26.4
	1999年	30.8	39.5	21.4	28.6	28.4	⩓ 29.8	25.7	34.0	31.6	31.8
がんばりのきく子	1980年	22.8	24.8	20.8	24.7	20.3	20.4	20.2	20.7	19.9	21.1
	1999年	21.9	23.4	20.0	20.0	20.9	⩓ 26.3	26.6	25.6	30.6	24.1
女の子(男の子)に人気のある子	1980年	8.9	10.4	7.4	8.8	9.0	53.3	55.5	50.7	53.8	52.6
	1999年	8.3	9.9	6.6	4.3	9.0	∧ 57.4	60.1	54.5	63.6	60.3
かっこいい子	1980年	8.4	11.4	5.1	8.5	8.1	60.3	58.3	62.4	59.8	61.0
	1999年	8.2	10.2	6.0	4.7	9.2	⩓ 65.7	65.1	66.4	72.0	68.5
責任感の強い子	1980年	16.9	17.2	16.5	18.1	15.2	36.0	37.3	34.6	35.8	35.5
	1999年	16.4	17.1	15.4	13.7	16.6	∧ 40.0	41.9	37.6	45.3	37.1
友だちに親切な子	1980年	24.2	25.2	23.2	24.8	23.4	21.0	25.2	16.8	22.8	18.7
	1999年	22.2	23.4	21.2	19.1	21.4	∧ 24.7	25.7	23.1	30.0	22.6
まじめな子	1980年	12.9	15.2	10.6	13.2	12.5	40.9	41.1	40.7	42.4	38.8
	1999年	∧ 16.6	17.7	15.4	13.3	16.7	39.5	39.9	38.6	45.8	38.9
友だちの多い子	1980年	42.0	48.6	35.0	42.5	41.3	18.5	17.2	19.8	19.2	17.4
	1999年	41.6	44.9	38.3	39.9	38.0	18.6	20.1	16.9	21.0	18.9
リーダー的な子	1980年	16.2	18.8	13.5	17.9	14.0	43.6	42.4	44.8	43.3	44.0
	1999年	17.5	18.7	16.1	16.9	13.4	∧ 47.3	49.7	44.6	51.2	49.7
遊びのうまい子	1980年	34.0	43.1	24.3	35.6	31.7	22.7	18.6	26.9	23.3	21.7
	1999年	⩔ 28.1	34.8	21.0	25.8	25.9	⩓ 29.0	27.9	29.7	33.5	27.8

全体における＞＜は３％以上、≫≪は５％以上増加した数値

（出典：ベネッセ教育研究開発センター『モノグラフ・小学生ナウ　子どもは変わったか』vol. 19-3、2000）

る学生もいる。学生自身、こうした学生に驚くよりも、共感を覚えることが少なくない。傷つくことがカジュアル化し、抽象化している。それとともに、どこにどんな問題があったのかがわからなくなってきている。

再度、傷つくことの具体的で、現実的な意味をみつめ直す必要がある。傷つくことからの逃避や傷つくことへの逃避といった、消極的な地点に留まるのではなく、傷つくことからの脱却や超越といった、積極的な意味はないのだろうか。本当は、もっともっときちんと?傷つく必要があるのではないか。「良薬は口に苦し」のたとえがあるように、「傷」を介して生き生きと生きる方途はないのだろうか。

「社会性の育成」の場としての学校

本当に個性を磨いて、個性を自分のモノとして自信をつけながら生きている人は、傷つくリスクを負う心配なんかせず、躊躇しないで行動する。

他方、内向きの〈自分探し〉の隘路にはまる人は、失敗するリスクを負わない生き方、傷つけ傷つくリスクを負わない生き方を選択する。その結果、悪循環が悪循環を呼んでいる。個性や自信は育たず、自尊感情はますます低くなる。

この悪循環を絶ちきるには、どうしたらいいか。逆に、好循環が好循環を生むようにするには、どうしたらいいか。

私が教師として学生のためにできることはなにかを考えたとき、でてきた答えは、授業で「きっかけ」を与えることだった。たぶん、それしかできない。

そこでは、「知識の提供」ではなく、「社会性の育成」の場としての重要性が高まっている。ただし、その社会性とは、「みんないっしょに仲よく」という「協調性」とは別物である。場合によっては、自分がけなされることもあり得るような、多様な他者との関係のなかでも、他者を怖れず、うまくやっていくために必要なものである。これは、「世界はあたたかいものなのだ」という実感をともなわなければうまく育たない。「世界は冷たい」という怖れこそが若者を引きこもらせ、自尊感情を低下させているからである。

そのような学習の場を設定することこそが学校の課題であり、私の教育研究活動もその実践へと移行してきた。私流にいうと、「仕掛ける」授業の実践である。

仕掛ける授業の実践

ささやかな試みとしては、毎回の授業評価と、できるだけ次回の授業でそれへの応答を行っている。この仕掛けには、さまざまな意図がある。

ひとつを紹介しよう。たとえば、学生たちは一般に流布している学生イメージに自ら縛られている。どうせまわりの人たちは真剣になにかを考えることなどなく、ノホホンと生きているに違いないという思いこみである。相互にその思いこみがあるから、学生はまわりと深みのある対話をしようとしない。対話しないから、いつまでもお互いをイメージでしか眺めない。

ところが、私が授業で学生に毎回提出してもらっている授業評価用紙には、授業内容にからめて日常への鋭い考察が記されていることが少なくない。それを私は、私自身の率直な驚きも含めて次の授業で紹介する。

こうした「仕掛け」によって、学生たちのなかに、いい意味での動揺が起きる。学生たちが慣れ親しんできたのは、大人が子どもになにかを教えるというスタイルの授業。通常そこでは、大人が驚く場面はない。ところが今、目の前にいる島田先生は、自分の友だちの発見に驚いている。先生を驚かせるようなコメントを発した仲間への畏敬の念が、ここに生まれる。「怖れ」の対象としての他者が「畏れ」「敬う」相手としての他者に変わり、既存の学生イメージからの脱却がはじまる。

同時に、自分にとってはありふれたことも、それを怖れずに表明すれば、他者に大きなインパクトを与えることも実感できる。自分を価値あるものとして見直す作業が、ここからはじまる。

三つの柱

これから、「仕掛ける」授業として、次々と立ちあげた七つのプロジェクトについて、ドキュメントしていく。

これらのプロジェクトを支える柱は、三つある。それは、①個人研究レポート集づくり、②自分史エッセイ集づくり、③幸せのレシピ集づくり、という手法である。

①「個人研究レポート集づくり」では、個々人が自分の興味・関心のあるテーマを拾い、自由研究レポートを作成する。その際に、体験する研究のさまざまな壁を乗りこえるために、自分といろいろなタイプの仲間とつなぐ、「学びの共同体」づくりが目論まれる。そこには、〈自分磨き〉の機会が豊富にある（1章参照）。

②「自分史エッセイ集づくり」では、学生が自身の小中高時代や大学時代をふりかえり、自分をみつめる。学生が自分のことを知ることはもちろん、お互いのことを知るきっかけとして、「自分史」のやり方と、「エッセイ」という形式をもちこんでいる。自分史といえば、一般に高齢者のためのものというイメージがある。そこに、「エッセイづくり」という仕掛けを用意することで、〈若者のための自分史〉という、新領域を開拓している。また、エッセイは、〈自分のための自分史〉であると同時に、〈仲間のための自分史〉〈後に続くもののための自分史〉という性格ももっている（2～7章参照）。

③「幸せのレシピ集づくり」では、人とうまくつきあえるようになることと、人をうまく動かす企画を考えだすことを目指す「レシピづくり」に挑戦する。たとえば、「どうして人を好きになるのか、みんなに聞いてみよう！」といった調子である。自分が傷つかないように、もっといえば、自分を守るために、自分が自分でつくる壁、自分が他者と距離をおくためにつくる壁がある。レシピは、それらの壁をなんとか解消するために用意された、〈自分試し〉や〈自分さらし〉の仕掛けである。壁越え、壁崩し、壁抜けなど、壁とのつきあい方は人それぞれである。標語をつくるとす

れば、「自分の、自分による、自分のためのレシピづくり」ということになる（8〜9章参照）。

早速、それぞれの試みの軌跡を追っていこう。なお、文中の☆部分は、授業科目や授業展開などを詳述している。必要に応じて、読みとばしていただきたい。

1

〈自分試し〉と〈自分さらし〉

プロジェクトⅠ
学びの共同体プロジェクト「個人研究レポート」
（一九九九年度〜）

「仕掛ける」授業のはじまり——二つのキーワード

どうしたら、内向きの〈自分探し〉の悪循環から抜けだすことができるだろうか。この問いかけが自分のものとなったとき、私の授業がどんどん変わった。事態を分析し、解釈するだけでなく、事態打開のためになにができるのか。

「学生が自分のうまくいかない状況を人のせいにするだけで安心していいのか。学生が選んだ道だけが道だったのか。他の選択肢はないのか。学生にできることは、かつても今も未来もそれしかないのか」

「内向きになっている学生の気持ちを外向きに変えるにはどうしたらいいのか。ギアは、〈自分探し〉モードしかないのか」

「他者からの流れと他者への流れをとり戻すためにできることはなんだろうか。自分からの流れと自分への流れをとり戻すために私ができることはなんだろうか」

こうした疑問が、授業展開の中心に位置づくようになった。

といっても、授業でできることはかぎられている。他者の生き方を変えることが簡単にできたら、教育システムなど必要ない。授業でできることといえば、変化を与えるためのきっかけを与えることぐらいである。

いつしかキーワードとして浮かびあがったのは、〈自分試し〉と〈自分さらし〉である。〈自分試し〉は、自分の世界にはまだないものに、自分の身についていないものに挑戦することを目指す。未知なる世界に自分を放りだし、試行錯誤し、ときには失敗をものともせず、自分を磨いていく。自分づくりといっていいだろう。

〈自分さらし〉は、今あるもの、今まであるものを外にだすことを目指す。あるがままの自分をさらしていく。ときには人目にさらしたくない自分の弱い部分をもさらしていく。「つくったキャラとしての自分」ではなく、「素の自分」をだすといってもいい。

以下では、学生が陥りやすい悪循環を絶ちきり、よりよく生きることをサポートしようとしてはじめた授業づくりを紹介していきたい。

学びの成果を公刊する授業づくり

まず着手したのは、一九九九年度からはじめた、学びの成果を「本」の形で公刊する授業づくりである。一、二年生対象の基礎演習や、三、四年生対象の専門ゼミにおける学びの成果を「本」の形で「公刊」し、社会に公開する授業づくりである。

公刊を目指したのは、「私家版」にありがちな自己満足におわるのを防ぎ、自分の書いたものに社会的責任をもってもらいたかったからである。さらに、国立国会図書館に収め、学生一人ひとりの生きた証を後世に残したいと考えたからである。

加えて、現代の学生がおかれた時代状況を考えると、作品集を刊行することにはいくつかの現実的メリットがあり、教育的な効果も期待できる。

従来のレポートはだしっぱなしになりがちで、レポートを目にする範囲も教師どまりだった。学生の学びの成果は、成績簿に書かれた評価でしかわからないものだった。ところが、本として刊行して学生にフィードバックすれば、別の可能性が拓ける。

そのひとつは、学生の対外的なアピール材料としての可能性である。就職活動が早まった今、学生が大学で主体的に学んだ成果を積極的にアピールできる材料は乏しい。かつては卒論や卒業研究などがそれに該当していたが、今はそれに類するものを準備できない。個人研究レポートは、それに代わる自己アピール材料として期待できる。

また、教師以外の他者のリアクションは、学問と個人の人生および社会との関係を知らしめることに役立つ。

といっても、いきなり見知らぬだれかに自分をさらすというのではなく、指導上は「身近な他者」としてゼミや授業などでの学習仲間や家族を想定し、その人たちに自分たちのなしたことの一端を知ってもらうことをねらった。作品集を親に読んでもらう場面ひとつをとってみても、それは家族の支援を受けて大学で学ぶ意味を学生が自ら確認し直すきっかけとなる。

さらに、「第三者」の目を体感できるような仕掛けもした。この試みに、大学間、学問間、授業間、学年間などの、さまざまな壁をこえて参加することで、同じ授業目標のためにひとつのことにトライ（ここでは、個人研究レポート作成）し、最終的にはそれぞれの研究成果を一冊の本にまとめることにした。

このために、前任校の武庫川女子大学の気心が知れた先生方や学生に参加を求めた。最終的には、一九九九年度後期の授業における個人研究レポート集づくりから、會田宏先生の三、四年の卒論ゼミとの交流を深めていくことにした。

このように個人研究レポート集づくりには、内向きの〈自分探し〉にならないように学習仲間や家族、他大学の教師や学生、さらには一般社会という、いろいろな「他者という回路」が至るところに張りめぐらされている。

個人研究レポート集作成のメリット

個人研究レポート集を作成するメリットは、どこにあるのだろうか。かつての同僚であり、この方面における教育実践の先駆者の一人である、武庫川女子大学の濱谷英次先生の表現を私なりにまとめると、次の四点でメリットがある。

それは、①大学にいることの存在証明、②自己表現力の育成、③他者理解の促進、④自主性の伸長、である。これらの実現のために、濱谷は、大学一年生の導入教育の場で、三分間スピーチを行ったり、個人研究レポートを作成したり、さらにそれを共有化するためにそれらをまとめて刊行することが有効だ、と主張している。

学生の学習を支援する試みは、同大学の他の教員にも広がりをみせ、次々に実践が積み重ねられ、導入教育としての有効性が確認されている。

これを受け、導入教育ばかりではなく、専門教育、あるいは大学院レベルの高度な専門教育でも有効ではないかと考え、各段階で個人研究レポートを作成することにした。実は、この試みをしはじめてからしばらくして、濱谷氏と語らっていたところ、これこそ彼がねらいとして考えていたことだとわかった。

大学教育の課題

現代の大学教育の課題は、学生個々人が自分の興味や関心にそって、いかにその知的好奇心を満たすことができるかにある。知の技法や論理を学び、ゲットし、エンジョイする。大学教師には、こうした学生の知の活動を支援していくことが求められている。

これまでの大学授業では、すでに体系づけられたアカデミックな知識体系（知の静的な部分）をテキスト中心に講義形式で教えていた。しかし、高度情報化社会を迎え、情報の陳腐化が激しく、テキストの内容が現実に遅れをとることが多くなってきた。「教育的遅滞」といわれるように、ただでさえ教育は現実に遅れをとる。その齟齬が激しく、教師と学生の間の溝が広がっている。受け手の学生気質も変化しているとなれば、なおさらである。

この不幸をなんとかしようとすれば、知の動的な部分を授業に導入する必要がでてくる。知が生みだされていく瞬間の営みを学生が体験できることが重要になる。

その際、注目したいのは、「情報編集能力」である。情報の海に溺れるのではなく、自分を生かす糧として情報を活用する能力を伸ばしていく必要がある。急速なインターネットの普及により、新鮮で多様な情報がタイムラグなく、経済的コストもあまりかからず、だれにでもどんどん入手できるようになった。知の大衆化が起きた。

とはいえ、このことはよいことばかりをもたらしたわけではない。文字、図像、音などどんな情報であれ、その価値を学問的な権威によって保証されることはなくなった。価値ある情報か、信用できる情報かについて、自分で判断せざるをえなくなった。「情報編集能力」を身につけさせるのは、社会的に必要なものを教える「必要課題」である。

もうひとつ重要なことは、「学びの共同体」づくりである。せっかく多様な学生が教室にいるのだから、それぞれの学びを個人のうちにとどまらせるのではもったいない。学生同士がお互いに学びのプロセスに参加し、学びの成果を共有・共用し、さらに外の社会の人たちに向かって発信できれば、それは自分を知り、他者を知り、さらにはお互いのかかわりやつながりを実感できるきっかけにもなる。

大学授業には、そんな舞台設定も期待されるようになってきた。

ところで、なにを教えるかというときに、絶えず教育学で問題になるものがある。それは、学生が学びたい「要求課題」を教えるのか、社会的に必要な「必要課題」を教えるのかという問題である。個人研究レポート集づくりは、このジレンマを解決する。

そこでは、「要求課題」として学生にテーマ設定を促し、「必要課題」として「情報編集能力の育成」と「学びの共同体づくり」を据える。

いよいよ授業スタート

かくして、一九九九年度前期の授業がはじまった。授業では、①知的好奇心の開花、②情報編集能力の育成、③学習成果の共有化、に力点をおくことにした。

この授業実践にとりくんだのは、三つの授業である。[☆1]

もちろん、それぞれ授業科目や授業内容はまったく異なる。ひとつ目の大学一年生対象の授業(基礎演習)は、大学生として不可欠な、自律的学習や研究活動などのオリエンテーションを行うという意味合いで開講されている。自分の興味や関心を確認し、知的好奇心の涵養を目指す、大学授業への導入教育を担っている。レポートづくりでは、自分の興味や関心を最優先し、自分のやりたいように自由研究を行うことにした。

二つ目の大学三年生対象の授業(専門ゼミ)は、卒業研究へのオリエンテーションという意味合いで、ゼミ担当教官が開講している。就職協定がなくなったことにより、四年生の前期授業が成立しにくくなった。そこで、三年生の早い時期から卒業研究を意識させ、論文づくりや作品づくりに積極的にとりくむことが必要となってきた。ここでは、研究テーマの絞りこみと、基本的な資料収集が欠かせない。レポートづくりでは、できるだけ卒業研究につながるテーマを選んで、自分のやりたいように自由研究を行うことにした。

三つ目の大学院一年生対象の授業（特論）は、現職教育や生涯教育、専門的リカレント教育の一翼を担うために、主として社会人を対象に、高度な専門職性を身につけるための学問的な基礎を提供する、もっぱら夜間に開講される男女共学制の授業のひとつである。院生のバックグランドは、教育学、心理学、社会福祉学、看護学など、とても多様。おまけに、臨床教育学は、教育学、心理学、福祉学などを統合した学際的な学問分野であるため、院生にはさまざまな研究分野の情報を再編集する能力が求められている。レポートづくりでは、修士論文作成につながるテーマか、まったく個人的に関心のあるテーマで行うことにした。

このように学年間の壁や、大学間の垣根、学問間の境界などがあるものの、それを越境し、同じ三つの授業目標のためにひとつのことにトライし、最終的にはそれぞれの研究成果を一冊の本にまとめる授業がはじまった。

☆1　〈授業の概略〉

プロジェクトを実施した授業は、甲南女子大学文学部人間関係学科の一年生対象の導入教育科目である「人間科学基礎演習Ⅰ」と、同学科教育学専攻の三ゼミ生対象の「教育学演習ⅠＡ」、さらに武庫川女子大学大学院臨床教育学研究科の一年生対象の専門科目である「教育社会学特論Ⅰ」。

学部生対象の授業では、かなりの授業回数を指導に割いた。一年生のクラスでは、授業回数一三回中九回を費やした。一回目の授業は、オリエンテーションに続いて、自己紹介や他者紹介。二回目は、人間関係づくりのワークショップ。三回目以降は、講演会をはさみながら、個人研究レポート作成のために、趣旨説明や、インターネットによる情報探し、教師との相談タイム、三分間スピーチ、原稿づくりなど。最後の授業は、全学生によるプレゼンテーションと、完成原稿の提出（最終受講者数二六名）。

三年生の授業では、一三回中一一回をあてた。一回目は、自己紹介。二回目以降、ゼミ交流会での食事会を一回はさんで、個人研究レポートづくり。スピーチを三回実施。ラストの授業で、完成原稿の提出（最終受講者数一三名）。

大学院生の授業は、一三回中終盤の四回だけ、個人研究レポートづくり全般にわたって時間を割いた（最終受講者数一二名）。

なお、レポートの分量は、基本的には四〇〇〇字から八〇〇〇字とした（詳細は、図2参照）。しかし、もっと書きたい人は、ある程度の限度はあるものの、気のすむまで書いていいことにした。

以後、二〇〇〇年度後期までの四回の試みでは、スピーチの時間を短くしたり、その時間をとること自体をやめたりするなどの変更はあるものの、おおよそこの指導路線を踏襲している。

個性の前提となる「型」の習得

ところで、公刊を目指す上で重要なのが、書式の統一である。用紙サイズや、行数・字数指定、資料収集方法、テーマの設定、論文タイトルの決定、参考文献の書き方など、「型」にあたるものをおろそかにしないように気を配った（図2）。

だが、「型」を重視するのは、編集のためだけではない。むしろその真のねらいは、「型」の習得によって個性に居場所を与えるところにある。

〔用紙サイズＡ４〕　約 2cm

↑ 空白を

大きいサイズで表題を

一行空ける

岡　本　甲　南

一行空ける

Ⅰ．○○○○

・・・・・・・・・・・・・・・・・・・・・・・・・・・・・・・・・・・

・・・・・・・・・・・・・・　４０字　・・・・・・・・・・・・・・

１．○○○○

・・・・・・・・・・・・・・・・・・・・・・・・・・・・・・・・・・・

（１）○○○○

・・・・・・・・・・・・・・・・・・・・・・・・・・・・・・・・・・・

・・・・・・・・・・・・・・・・・・・・・・・・・・・・・・・・・・・

（２）○○○○

・・・・・・・・・・・・・・・・・・・・・・・・・・・・・・・・・・・

・・・・・・・・・・・・・・・・・・・・・・・・・・・・・・・・・・・

←　→

約 2cm 空白を　約 2cm 空白を

一行空ける

Ⅱ．○○○○

・・・・・・・・・・・・・・・・・・・・・・・・・・・・・・・・・・・

・・・・・・・・・・・・・・・・・・・・・・・・・・・・・・・・・・・

一行空ける

＜参考文献＞

・島田博司『カーペ・ディエム』ひまわり出版、1999

・島田博司「私語の誘惑」『子ども学』創刊号、甲南女子大学、1999

５０行目　２枚目には（岡本甲南　２枚目）

↓ 約 2cm

空白を

1．表題は、通常の文字サイズより大きく、できればゴチック体にしてください。

2．表題の下は、一行空けて、名前を記入してください。ゴチック体がおすすめです。

3．さらに一行空けて、レポートを書きはじめてください。

4．2頁目は、最終行の右寄りに、（○○○○　2枚目）と記入してください。

5．Ⅰは「はじめに」、Ⅱは「本論」、Ⅲは「まとめ」、といった感じにしてください。

6．参考文献は、文末に一括して書いてください。

本：著者（、訳者）『本のタイトル』出版社、出版年（西暦）

雑誌：著者「論文名や見出し」『雑誌名』（？月号や第？号、）出版社、出版年（西暦）

図２　レポート作成要領（学生に配布したマニュアルの一部）

（出典：島田博司編『サンバースト～2000年度前期個人研究レポート作品集』六甲出版、2000）

たとえば、各自の論文タイトルは、他者（読者）がレポートの中身を知るための大切な手がかりとなる。そこで、学生には、「自分が興味・関心のあることで、自分がとりくんだ研究テーマの内容を端的に示し、なおかつできるだけ読者を惹きつけるタイトルを与えるように」と助言する（表2）。

一年生が設定する研究テーマは、とりわけ大まかなものになりやすい。論文タイトルも絞りきれず、「〜について」のような漠然としたものになりがちである。この部分は、とくに指導が入る。その結果、上級学年になればなるほど、「〜について」といったアバウトなタイトルは少なくなっていく。この意味で、レポートづくりでは「知的好奇心の開花」を目指すものの、それはまったくの自由とはいかない。

学生たちが授業最終日（二〇〇〇年七月一〇日）に提出した授業評価に寄せられた感想を読み解くと、研究テーマにたどりつくまでに多くの自問と葛藤があったことがわかる。授業評価を収録した島田博司編『サンバースト』（二〇〇〇）のなかから、そんな感想を拾ってみよう。

「テーマは、大学入学以前からずっと関心をもっていた『不登校』について調べたが、自分の興味の広さと深さにとまどってしまった。しかし、結果的には有意義なレポートづくりができた」

「最初はなかなかテーマが決まらなくて、大変でした。今思いだしても、やはりテーマ決め

表2　論文タイトル

〈人間科学基礎演習Ｉ〉
パラリンピックについて／色の性格／飛鳥涼の歌詞分析／ラジオについて／コミュニケーション／インテリアコーディネート（＊）／NAZCA ―その果てしなき魅力―／遊びの中のおもちゃ／Johnny's Jr. のオリキ／肌のメカニズム／恋愛と結婚／銃について／New Zealand の先住民族マオリ／女性の美しさ／手話を始めるためには／大学４年間をどう過ごすか？／子どものストレスについて～いじめ～／顔／美白／無限を求めて～版画家 M. C. エッシャー　シンメトリーの世界／幼児期の遊び／知られざる大阪の事実／ケルトの世界― solve a mystery ―／ツボの世界
〈教育学演習ＩＡ〉
援助交際について／紫外線について／音楽療法について／薬物について／青少年の野外教育の充実について／バスケットボールについて／私の大誤算／ドラえもん最終回の謎／スキー道具の歩み／摂食障害の原因をめぐる議論／動物実験の必要性／インドの魅力／異文化間コミュニケーション
〈教育社会学特論Ｉ〉
母性的養育喪失が社会にもたらすもの／ホンネで生きる若者たち／感性を育むために／〈鍵〉としての自由／教育を問う・ある中学校の10年の試み　自主・自立・自分自身との出会い／母性・父性について／タテマエを再び～こどもがホンネで生きるために／「人をささえる」と良い評価をもらえるか／危機にある母子関係の改善をめざして／「脳死は果たして人の死か」―脳死臓器移植をめぐる生死の論争―／カウンセリング・マインドを教育現場でどう生かすか

＊印のついたタイトルの作品は２点ある。

（出典：島田博司編『セレブレイト・ライフ～1999年度前期個人研究レポート作品集』六甲出版、1999）

が一番精神的につらかったです。だから、やっと満足のいくテーマが決まったときはとてもうれしかったです。テーマが決まると、後はなにをすればいいかがだいたいみえてきたので、深く悩むようなことはなかったです」

この授業では、好きなことを調べ、それをレポート化すればよい。ところが、その自由を使う段で、学生はとまどいと困難に直面する。突き詰めて考えると、自分はいったいなにに興味・関心を抱いているのか。テーマ設定のプロセスはその曖昧さに気づかせ、それを煮詰めることを各学生に要求する。その壁を乗りこえると、次の壁が現れる。レポートには字数制限があり、情報の取捨選択を迫る。学生は、調べたことやわかったことのすべてを書きたい誘惑にかられる。しかし、それはできない。今度は煮詰まった自分を、クールダウンすることが求められる。

これらの苦しさを乗りこえ、自分のしたかったことにひとまず輪郭が与えられたとき、学生が得る達成感や充実感は大きい。そのことは、「大変だった」「しんどかった」と口々に語りながらも、個人研究レポートづくりの授業全体に対する満足度が高かったことによく表れている。しかも、「楽しかった」「ためになった」と[☆2]（表3）。

「個性」に相反するものとして、「型」は学生から嫌われがちである。だが、実はそれが「個性」を研ぎだす砥石の役割を果たしている。

表3　授業全般についての感想

	人間科学基礎演習Ⅰ		教育学演習ⅠA		教育社会学特論Ⅰ	
楽しかった	10	38.5%	6	46.2%	2	16.7%
おもしろかった	7	26.9%	0	0.0%	2	16.7%
興味深い	6	23.1%	0	0.0%	1	8.3%
ためになった	5	19.2%	3	23.1%	7	58.3%
新鮮	3	11.5%	0	0.0%	0	0.0%
スピーチはつらい	2	7.7%	2	15.4%	0	0.0%
謝辞	5	19.2%	0	0.0%	1	8.3%
また授業をとります	5	19.2%	0	0.0%	1	8.3%
いろいろトライして	0	0.0%	3	23.1%	4	33.3%
先生は不思議な人	2	7.7%	0	0.0%	0	0.0%
講演会がいい	12	46.2%	—	—	—	—
音楽を流すのがいい	2	7.7%	—	—	—	—
クラス会がいい	2	7.7%	—	—	—	—
参加型の授業がいい	2	7.7%	0	0.0%	1	8.3%
その他	0	0.0%	1	7.7%	5	41.7%

表中の—は、当該授業での該当事項がないことを示している。

(出典：島田博司編『サンバースト〜2000年度前期個人研究レポート作品集』六甲出版、2000)

☆2　とくに評価されたのは、①豊富な授業メニュー、②コミュニケーションのある授業づくり、③授業の雰囲気のよさ、の三点である。

「豊富な授業メニュー」では、授業が島田トークだけでなく、オリエンテーションの際に行った仲間や友達づくりのための体験学習や、四ゼミ生によるミニ・トーク、ゲストスピーカーとして学外の先生を招いて行った講演会、二分間スピーチ、お互いのレポートを読みあわせるピアサポート、さらには学外で開催した食事会などもあって、盛りだくさんだったことが評価されている。

「コミュニケーションのある授業づくり」では、授業に参加している人全員がお互いに情報を発し、それを吸収し、ともに気づき、発見していったプロセスが評価されている。

「授業の雰囲気のよさ」では、授業場面に応じて音楽をかけたりして、終始リラックスした和やかな雰囲気づくりができたことが評価されている。それは、授業全体に対する評価として書かれていた「授業らしくない授業」「フリースタイルの堅苦しくない授業で、授業のイメージが変わった」「不思議な授業」という感想や、教師に対する評価として記述された「島田先生は変わってるけど、後期も島田先生の授業がとりたい!」「島田ゼミをとりたいなぁ…」「もう前期がおわるので、とても切ない気持ちでいっぱいだ」という感想などに表れている。

次々と立ちはだかる壁

学生の手による学生の視点に立ったレポートづくりは、アカデミックな研究が醸しだす雰囲気とは異なる。なにはともあれ、学生自身にとって知りたいことが前面にでてくる。

学生の知りたい気持ちを重視するため、研究対象は、学問的には既知のことでも、学生にとっては未知なる世界へのアプローチとなる。私の学生へのサポートは、学問的な新しさにではなく、学生個々人の個人的な新しさに寄りそうことが中心となる。

本当に興味や関心のあることだったら、どんどんやろうと思うし、実際にできる。「要求課題」に基づく学びだから、当然といえば当然である。しかし、それはなかなかすんなりとはいかない。そこには、「要求課題」なりの壁がある。それは、すでに指摘した、テーマ設定の難しさに集中する。

その次に、「情報編集能力」という、こえるべき「必要課題」の壁がある。そこでは、論理構成力が必要となる。知を生みだすには、やはりそれなりの方法があり、その習熟が必要である。

情報編集能力の育成には、どのような意味があるのだろうか。それを学生たちに説明する際に私が口にしたのが、「織物をつくろう」というたとえだった。

ある情報だけに依拠してレポートをつくろうとすれば、それは情報の引き写しや要約にとどまる。だが、複数の情報を意識的に集めれば、そのつなぎあわせ方にオリジナリティが宿る。さらに、各情報からなにを抽出し、どうくみあわせるかを吟味すれば、オリジナリティはより高度化する。引き写しからつぎはぎへ、つぎはぎから織物へ。このような情報編集能力が、「個性」を研ぎだしていくためには欠かせない。

その育成の一環として、レポート作成では多角的に情報を集めるノウハウや引用ルールを学んでもらい、インターネットもおおいに利用させた。

とはいえ、多くの学生にとって、個人研究レポートを作成する体験ははじめてである。レポートは、そんじょそこらの入門書やインターネットのホームページにある文章をただつなぐだけで精いっぱいというものも少なくない。

それでも、まとまればまだいい方である。自分のほしい情報が文献やインターネットでうまくゲットできなければ、自分で作成する必要もでてくる。その方法のひとつが、アンケート調査やインタビュー調査の実施である。

失敗も勉強

これらによる調査には、それなりの訓練が必要である。だが、この試みでは、学部生に対してはそのセンスを尊重し、アドバイスはしても、あまり手だししないように心がけた。「失敗も学習のうち」と考えた結果である。

学生たちのとりくみのなかからは、そのような事例がいくつか生まれた。島田博司編『セレブレイト・ライフ』(一九九九)より、二例ほど紹介しよう。

「私の大誤算」という失敗レポートをまとめた三年生は、アメリカンフットボールの選手に個人的な関心を抱き、選手へのアンケート調査を企画した。彼女は、雑誌にありがちな興味本位な調査項目をつくり、簡単に結果が得られると甘くみていた。ところが、現実は厳しい。相手から調査の公共性がないことを指摘され、調査の実施を拒否された。結果を得ることができず、授業最終日を迎えた。そこで、仕方なく、みんなの前でその顛末を発表した。結果は、共感の渦となった。他人事とは思えなかったのだろう。その後まとめた原稿はレポートの体裁を整えているとはいえないが、失敗談を自ら公にした勇気は敬服に値する。この報告は、本人のよき反省になったばかりでなく、他の学生に反面教師的な教材を提供する貴重な機会となった。今、「失敗学」が注目されるゆえんである。

また、「Johnny's Jr. のオリキ」という論文をまとめた一年生は、当初大阪の路上で、ジャニーズ・ジュニアの追っかけに力（りき）が入っている人たちを対象に、インタビュー調査を計画した。それを知った友人が、警察署の許可がいるのではないかと助言。そこで、彼女は実際に、経費や時間を費やして申請手続きをした。ところが、警察署から指定された場所ではほとんどデータを得られず、彼女は大きく研究の方向を転換してレポートをまとめざるを得なかったという。これはレポートづくりの経過などを報告する三分間スピーチで本人が語った経緯だが、実におもしろく、学生の拍手を呼んだ。私自身、おおいに勉強になった。

教師やテキストから与えられたものを吸収する学習の重要性は、いうまでもない。だが、それだけでは、このような経験をくぐることはできない。自分を外に向かってさらすことで得られたこれらの経験こそが、個性を形づくっていくはずである。

これらのレポートからは、学生がなんの拠りどころもなく、ただただ行動力だけで現場にでていって、四苦八苦してあがき、自分の勘を信じてなんとかしようと必死にもがいている現場の空気が伝わってくる。

そんな学生をサポートしている私も、半分は途方にくれ、もう半分はそんな状況を楽しんでいた。

いつの間にか、自分も学生が立っている現場に居合わせたような臨場感もあった。自分も学生になった気分で、私がそこに居合わせたらどうするのか、私になにができるかなどを考えながら学生とかかわっているうちに、次第に学生と一体感が生まれてくるのがわかった。いい意味で、「研究仲間」って感じになっていた。

ピアサポート

「学習成果の共有化」の過程は、仲間づくりを促進する。共有される学習成果は、作品集という「産物」だけではない。レポート作成の過程で、学ぶことがらも含まれる。

その成果への期待から、私は作成途中で、教師以外の他者の目をできるだけ多く呼びこむように努めた。その一例が、グループ単位でのレポート原稿のまわし読みである。

学生が一定以上の数になると、教師が個々の学生にまんべんなく指導するのは難しくなる。これを補う意味でも、他の学生からサポートを得る、いわゆる「ピアサポート」という方法が考えられる。

近年では、少人数のなかでも沈黙し続ける学生が少なくない。たとえ親友であっても、話をよく聞けば、頼っていても信用はしていないという学生もいる。

私事化（プライバタイゼーション）の進行により、自分やごく身近な仲間以外の人たちのこととなると途端に関心が薄れてしまうという風潮も強い。完成前のレポートのまわし読みは、こうした現実への対応だった。

レポートが完成に近づいた時期、下書き段階のレポート原稿を授業に持参させる。その学生たちを四、五人ずつのグループにわけ、それぞれの下書き原稿をまわし読みする。学生たちはまわってきた原稿を読み、感じたことを原稿に直接書きこんで次にまわす。一巡すれば、各学生の手元には、仲間からのコメントが書きこまれた下書き原稿が戻ることになる。そのコメントを参考にしながら、学生たちは自分のレポートを推敲。こうして完成した原稿に私が最終的な個別指導を加え、原稿提出へと至る。

まわし読みにあたり、細かなチェックポイントは指示していない。私が強調したのは、「わからなければ『わからない』とハッキリ書くように」ということだった。批判的なコメントを与えたり受けとったりするメリットを理解させ、他者からの批判に慣れさせる。それは、「他者を怖れないこと」を促す指導でもある。同じ批判でも、先生にいわれると反発するが、同じ立場の学生からだと受けいれやすい。

まわし読みをへて、一年生が漏らした「いろんな人がいる」「さまざまなテーマがある」という素朴な驚き。それは他人と同じであることにではなく、違うことに価値を見出していく糸口となる。上級生の感想では、他人のアドバイスが、自分のレポートづくりに実に役立ったという声。それは、自己形成における他者の重要性への気づきとなる。これらのどの反応も、他者のまなざしを学習過程に呼びこみ、そこに共同性を育んだ成果である。

ビギナーズ・ラック

かくして学生は、試行錯誤の末、なんとか集めた文献や資料、アンケート調査の結果などをレポートへとまとめていった。言葉や表現の至らなさは、不足というより、こちらの想像をかきたて、言葉以前の豊饒な世界を立ちあがらせてくれた。とくに一年生の手になる、学問の言葉（概念）を介さない、あるいは知らない表現は、学生の日常の、等身大の現実を映しだしていた。「アカデミズムの知」ではなく、「市民の知」「等身大の知」である。

前期がおわるころ、それらはなんとかレポートの体裁をなすまでになった。夏休み明けの一〇月、「学習成果の共有化」の試みはついに形となった。思えば、学生にとっても私にとっても、それはビギナーズ・ラックと呼ぶべきものであった。世界は、初心者的魅力に溢れ、やることみるものすべてが新しい。学生の文章の行間からは、弾む息づかいや悩む姿が目に浮かんでくる。私もただただなんとかしようと、ひたすらひたむきだった。

そのへんのところを、授業評価に書かれていた記述から紹介しよう。☆3

大学一年生対象の基礎演習では、レポートを書くのがはじめての学生が大半で、とても苦労していた。ある学生は、「アンケートをつくるということをかなり甘くみていました。実際につくってみると、質問の内容に意味がなかったり、結局同じことを聞いていたりして、本当に難しいことだとわかりました。もっと全体の構想を考えて、自分が一番知りたいことはなんなのかをちゃんと自分で理解してやるべきでした」という。

別の学生は、「私は、テーマがいかに大事か知りました。また、レポートの書き方（読みやすさ）で、常に読み手を考えることを（先生に）教えられました」と、学びについて報告している。

さらに別の学生は、「自分の興味あることについて調べられたのがよかったです。他にも調べたいなあと思うものがあるので、またやってみたいです」と、さらなる研究に進もうという気持ちを伝えてくれた。

大学三年生対象の専門ゼミでは、「レポートのテーマとか自分で考える時間をいっぱい費やして、勉強になりました。なにをかっていうと、悩むことが大切なんだって、当たり前のことかもしれませんが、改めて実感しました。後期は、自分のテーマ（卒論）をしっかりもって、楽しく調べていきたいです。そうすれば、自然にいいレポートになるんだなあと思っています」と、研究テーマの絞り方への関心が高まっていた。

大学院一年生対象の特論では、受講生に社会人大学院生が多かったこともあり、第一に自分の興味や関心がしっかりある分、それをかぎられた紙面にいかにまとめるか、第二に仕事などの制約時間をいかにぬってレポートをまとめるか、「考えれば考えるほど広がっていく文脈をどのようにまとめようかと苦慮しました。そして、時間との闘いでした」とあるように、分量と時間との闘いだったようである。

それから、「臨床研究として事例研究を扱いたいが、さまざまな守秘義務との関連で、結局とりあげるのを断念した」という記述もあった。

☆3　授業評価は、原則として授業最終日に個人研究レポートと同時に提出してもらった。各授業の提出日は、基礎演習が一九九九年七月一二日、専門ゼミが七月七日、特論が七月一七日、である。

作成上の問題点

一方、個人研究レポート集づくりを進める上での問題点もみえてきた。

近年私事化が進み、他の人のことには関心がない人が増えている。「学習の個人化」という問題である。視点を変えれば、「学びの共同体」にならないという問題である。

濱谷氏が奨励するような三分間スピーチを行うにしても、名前や顔ぐらいしか知らない仲間の前で話をして、仲間の関心を惹きつけることはなかなか容易ではない。この授業の入口にしても、「自分の学びたいことをテーマにしよう」である。ある意味、他の人のことは関係ない。「人は人、自分は自分」の世界である。

だから、自分が興味や関心のあることを、聞き手にも同じように興味や関心をもってもらうことは難しい。仲間の無関心を感じつつ、言葉を発するには勇気も必要である。

しかし、それらの困難を乗りこえて自己表現し、他者の関心を惹くことができたとすれば、自信がつくし、人とのつながりも実感できる。「調べてみたら、わかりました。プレゼンテーションしました。じゃあ、おわり」では、やはりつまらない。「学びの共同化」をどう進めるか。

それから、知りたいことについて、自分なりに調査したり、図書館やインターネットで調べたりしてわかることも大切である。

問題は、インターネットの利用に集中する。インターネットで、各種ホームページは辞書代わりに使える。手ごろなレポートがいたるところにある。それをいかに自分のものとするか。引用方法など含めて、未解決の問題だらけである。

また、自分が興味をもち、調べたことをどのようにプレゼンテーションし、さらに仲間以外の人たちといかにつながっていくか。「他者という回路」をどう広げるか。

本づくりの新展開Ⅰ——構成の変遷

個人研究レポート集づくりは、二〇〇五年度終了現在で、島田の単編で二冊、會田氏との共編で六冊、さらに會田ゼミ卒業生で武庫川女子大学の西坂珠美先生を加えた三名の共編で一冊、あわせて九冊の本を、世に送りだしている。

とはいえ、内容は変化している。個人研究レポート集づくりのベース部分を保ちつつ、+αの部分でいろいろな試みをとりいれている。詳細は後で紹介するが、それは学生とのやりとりのなかで変更した結果であったり、新たなチャレンジだったりする。

それにともない、メインタイトルはそのときどきの授業イメージを言葉ですくいながら、サブタイトルで本の実質がわかるように提示してきた。

サブタイトルをみると、開始時の一九九九年度には「個人研究レポート作品集」、二〇〇一年度には「大学授業ポートフォリオ集」、二〇〇三年度以降は「ゼミ学習成果記録集」と変遷し、この試みの移り変わりを教えてくれる。

また、そのときどきの事情で本の構成にヴァリエーションがある。二〇〇五年度終了現在までに出版した本の構成を紹介しよう（表4）。〔構成〕欄では、「はじめに」や「おわりに」などを除く、それぞれの本の主たる構成部分を紹介している。

本づくりの新展開Ⅱ――研究論文の収録

構成部分をみればわかるように、個人研究レポート集づくりでは、さまざまな試みを積み重ねてきている。注目すべきは、研究論文の収録である。

「ようこそ、研究の世界に！」。これは、創刊号の『セレブレイト・ライフ』（一九九九）の冒頭を飾った言葉で、学生に送った最初のメッセージである。

このメッセージを受け、翌二〇〇〇年度前期の授業、個人研究レポート集づくりの三回目を迎え、学生からある要望がでた。それは、「先生も私たちと同じ時点から個人研究レポートをしてみせて」というものである。もちろん、快諾した。

この成果は、論文「私語のＩＴ革命」として結実し、『サンバースト』（二〇〇〇）に収録した。

表4　個人研究レポート集一覧と内容構成

1．島田博司編『セレブレイト・ライフ～1999年度前期個人研究レポート作品集』（六甲出版、1999）
〔構成〕○個人研究レポート集。
2．島田博司・會田宏編『縁は異なもの～1999年度後期個人研究レポート作品集』（六甲出版、2000）
〔構成〕○個人研究レポート集。
3．島田博司編『サンバースト～2000年度前期個人研究レポート作品集』（六甲出版、2000）
〔構成〕①個人研究レポート集、②研究論文3点：「情報編集能力の育成の試み」「「学習成果の共有化」の是非」「私語のIT革命」（いずれも、島田論文）。
4．島田博司・會田宏編『未来への扉～2000年度後期個人研究レポート作品集』（六甲出版、2001）
〔構成〕①個人研究レポート集、②研究論文1点：「「素の自分」考」（島田論文）。
5．島田博司・會田宏編『それぞれの物語～2001年度大学授業ポートフォリオ集』（六甲出版販売、2002）
〔構成〕①個人研究レポート集、②卒論発表ライブ集、③自分史エッセイ集、④研究論文1点：「ITを利用した授業づくり」（島田論文）。
6．會田宏・島田博司編『私を呼ぶモノ～2002年度ゼミ学習成果記録集』（六甲出版販売、2003）
〔構成〕①個人研究レポート集、②ゼミ活動総括集。
7．會田宏・島田博司編『キャラバン～2003年度ゼミ学習成果記録集』（六甲出版販売、2004）
〔構成〕①個人研究レポート集、②ゼミ活動総括集、③研究ノート1点：「運動会における危険種目廃止の動き」（島田論文）。
8．會田宏・島田博司編『ぜみチュー～2004年度ゼミ学習成果記録集』（六甲出版販売、2005）
〔構成〕①個人研究レポート集、②ゼミ活動総括集、③研究ミニ論文1点：「「競争のない運動会」を考えるためにⅢ」（島田論文）。
9．會田宏・西坂珠美・島田博司編『斌枰訓～2005年度ゼミ学習成果記録集』（六甲出版販売、2006）
〔構成〕①ゼミ活動総括集、②個人研究レポート集、③『ぜみチュー』読後感。

この論文は、本の公刊後すぐに各種メディアで紹介された。学生は、自分たちにとってあまりにもなじみのあるケータイによるメール私語が研究対象となり、その実態が解明され、社会的に報道されていく過程を目のあたりにし、研究の意義や社会性を知ることとなった。「他者という回路」がどのようにひらかれていくのか、学生が身近に体感的に実感するいい機会となった。

教師が学生にいってやらせるだけでなく、実際にやってみせることができた意義は大きい。その後、研究論文を随時収録することにした。

さらに、二論文「情報編集能力の育成の試み」「「学習成果の共有化」の是非」を収録した。論文「情報編集能力育成の試み」は、個人研究レポート集づくりの意義をまとめたものである。論文「「学習成果の共有化」の是非」は、個人研究レポート集づくりを促進することで、学習成果の共有化・共用化を進める試みを学生がどう受けとめるか、推進者である私も実際にやりはじめた学生も知りたいところだと感じていたので、それについて調べたものを収録した。結果は、この試みに弾みをつけるものだった。学生も、自分のなかにあったひっかかりがとれたようである。

学生の声ではじめた研究論文収録は、なかなか有意義な展開をみた。この企画は、二〇〇一年度分をまとめた『それぞれの物語』(二〇〇二)、二〇〇三年度分をまとめた『キャラバン』(二〇〇四)、二〇〇四年度分をまとめた『ぜみチュー』(二〇〇五)に引き継がれていく。

指導者の壁

さて、なにごとも同じようなことを三年も続けていると、一種のアキというか、ダレが生じるスキがでてくる。

シリーズの五冊目となる『それぞれの物語』の冒頭に、私はこう記述している。「この本づくりにとりかかりはじめた当初、タイトルは『読みごたえ』と決めていた。このタイトルには、一年前の反省がこめられている…」と。

そこには、これまで実施してきた個人研究レポート集づくりの試みが形骸化しつつあることへの怖れがあった。

二〇〇一年度当初、私は、一九九九年度の授業よりはじめた、過去二年間の計四回にわたる作品集づくりをふりかえって、あるもの思いにふけっていた。それは、これらの本の放つ輝きについてである。

私がはじめて手がけた『セレブレイト・ライフ』には、なんともいいようのない初々しい輝きがそこにある。なにしろはじめての試みで、「うまくいくだろうか」という心配や、「学生もなかなかやるじゃない」という驚きが私にあった。

しかし、試みをくりかえすうちにいつしかそれは日常となり、当たり前のものとして驚きはなくなった。学生のまとめた論文内容にも、もの足りなさを覚えるようになっていた。直面した問題は、指導者自身の目がこえることで、学生への要求水準があがっていくことであった。

そして、指導者の油断というか、同じようなことをくりかえすことによる緊張の緩み、慣れによる飽きも生じはじめていた。この弊を避けるため、レポート集づくりでは、できるだけ毎回新たな試みにチャレンジして、バージョンアップをはかりながらリニューアルを重ねるようにした。☆4

☆4　一九九九年度前期に、島田関係のみではじめた『セレブレイト・ライフ』。続く、後期の『縁は異なもの』(二〇〇〇)では、會田先生の三ゼミの参加を得た。二〇〇〇年度前期の『サンバースト』では、研究論文を初掲載した。二〇〇〇年度後期の『未来への扉』(二〇〇一)では、初の四ゼミ生をもった會田氏の希望もあり、卒論のコンパクト版である「抄録」を個人研究レポートとして収録した。

惰性と就職活動の壁

ここで、新たな壁にぶつかった。それは、島田の四ゼミ生に起こった。直面したのは、惰性による緊張感の欠如と就職状況の厳しさという、授業をとりまく環境の悪化である。

トライした四年生は、三年生のときにすでに二回ばかり個人研究レポート集づくりに参加している。四年前期は自由参加で、後期に卒論完成後に抄録づくりをする手はずになっていた。

しかし、就職戦線の厳しさもあり、四年生はなかなか卒論に手がつかない。ズルズルとすぎていく日々。そのため、夏休みを明けても、卒論に本格的にとりくむことができず、準備作業として三年生のときにまとめたレポートの域をこえるのが、質においても量においても難しかった。

それに、卒論の抄録となると、それなりの形式が求められ、ある種のぜい肉と、研究内容のコンパクト化が必要となる。これが、レポートの単刀直入さや視点の大胆さ、スピード感、初々しさ、内容の濃さなどを失わせていた。

その結果、卒論にはあった研究の醍醐味などの部分が最終的にはすっかり削ぎ落とされ、つまらなく読みごたえのない、形ばかりの抄録がどんどん量産されていくのを目にした。そこで、島田ゼミでは、土壇場で当初の計画を見直し、抄録の収録を見送ることにした。

方向転換

他方、『未来への扉』の共編者である會田氏は、はじめての卒論指導ということで、ひたすらまっしぐら。會田ゼミ一期生の四年生も、そんな先生につられて、スパーク状態。こちらの四年生にとって個人研究レポート集づくりは三年後期に続いて二度目ということで、惰性とは無縁。むしろ他ゼミの学生からは、進み具合をうらやましがられる状態で、ヒートアップしていた。最後は、先生も学生も「涙、涙、ただ涙」といった感じで、原稿の完成を迎えていた。やはりビギナーズ・ラック?はおそろしい。

そんなこんなで、會田氏と相談し、二〇〇一年度以降について、次のようにすることにした。それは、①本づくりは、学期ごとの年二回から通年での年一回にすること、②四ゼミ生分は、卒業論文の抄録を作成するのではなく、論文のエッセンス部分をピックアップし、読みごたえのあるものにすること、などである。

私は、このことを学生に伝えるために、「自分が自分でもう一度読みたくなるようなレポートを」というフレーズを用い、レポートづくりを鼓舞した。とはいえ、教師だけが力んで舞いあがってもしょうがないので、「ヘンに要求水準をあげない」ということを肝に銘じながら、新たな年度をスタートした。☆5

「教育はナマモノ」とよくいわれるが、それはここでも真なりである。教師にとっても学生にとっても、その試みの「鮮度」をどう保つかが課題となる。

☆5 結果として、二〇〇一年度分をまとめた『それぞれの物語』では、②に該当するものとして「卒論発表ライブ集」を収録した。ライブ集は、卒業論文発表会の雰囲気をスライドショー感覚で読者に届けることと、四ゼミ生がゼミ活動の裏情報を後輩に伝えることを目指し、プレゼンテーションソフトを利用してまとめた。會田四ゼミ生が果敢にトライしたところ、かなり読みごたえのあるものができあがった。しかし、編集作業が予想以上に大変で、この企画はこの年度のみで終了。二〇〇二年度以降は、ゼミ活動を通して学んだことなどを後輩に託す「ゼミ活動総括集」を収録することになっていく。

ピアレヴュー

学習成果の共有化・共用化をさらに進めるために、とくに個人研究レポート集づくりに面食らう新三ゼミ生の動機づけを高めるために、二〇〇五年度の『斌枰訓（ひんこうくん）』（二〇〇六）では、前年度の個人研究レポート集である『ぜみチュー』の「読後感」をまとめて収録することにした。

学生によるピアレヴューは、仲間によるピアサポートの一環でもある。
学生がとくに注目したのは、「島田先生・取扱説明書」という記述である。島田ゼミのある四年生が「ゼミ活動総括レポート」のなかで、私とのつきあい方を三点ばかりまとめたものである。紹介しよう。

☞ 忙しい方なので、10分と同じ場所に座っていません。間を外すと、延々待たされる恐れがあるので、ご注意ください。
☞ ときどき、厳しいことをおっしゃいます。そんなときは、じっと耐えましょう。反論しても勝てません。
☞ 卒論の進み具合をなにかにつけてはぐらかしても、結果をだせば、認めてくれます。感謝しましょう。

これは、マニュアルともいうべきもので、「人間関係づくりのアドバイス集」となっている。異質な人間とのつきあい方をまとめたハウツーものともいえる。
「島田先生・取扱説明書」を読んだ會田氏は、『斌榊訓』を刊行するに際して、會田ゼミ卒業生の西坂珠美氏を編者に加えることを提案し、「會田先生・取扱説明書」作成の企画をもちこんできた。もちろん、ＯＫである。できあがってみれば、出色のコーナーとなった。

こうした交流が起きるのが、共編著のよさでもある。

遊び心もとりいれて

『斌栅訓』では、遊び心もとりいれた。その心は、本のタイトルにある。そこでは、学習成果の共有化・共用化への心意気を示した。

このタイトルは、奈良の東大寺にある正倉院所蔵の宝物である伝説的香木の命名に由来している。その香木は、「蘭奢待（らんじゃたい）」という名で広く知られている。正式名は、「黄熟香（おうじゃくこう）」。正式名より別名の方が有名なのは、それぞれの文字のなかに「東・大・寺」が隠されているからである。

今回、その遊び心を真似て、「斌栅訓」のなかに、この試みに参加している武庫川女子大学と甲南女子大学の両大学名の一部である「武・甲・川」の文字を隠した。

とはいえ、ただの遊び心ではなく、「斌」には、「うるわしい」という意味があり、「異質なものが調和するさま」を表している。これで、二つの大学の交わるさまをイメージしている。「栅」は、「香木の名」。島田ゼミの学生なら、「香り」と聞いたら、「クスッ」と笑みが浮かぶに違いない。そう、この年度より島田研究室では、お茶やオイルを焚いたり、香りの広がるローソクを灯したりして、香りだけでなく、セラピー効果を楽しんでいるからである。ラストの「訓」は、「おしえ」

といった感じで、會田ゼミと島田ゼミに受け継がれるものを意味している。さらに、斌枏（ひんこう）の音は、「品行」に通じる。會田ゼミと島田ゼミの品行訓になればという願いもこめている。

新たな場の設定に向けて

だが、こうしたリニューアルや工夫にもかかわらず、それだけでは対応できない問題も生まれつつあった。

個人研究レポート集づくりは、学生自身になにかを知りたい、学びたい、研究したい、表現したい、伝えたいという気持ちがなければ、楽しむことはできない。ところが、そのような気持ちを湧きたたせること自体が困難な学生が散見されるようになった。

自分のしたいことをする、したいことを先延ばしするような我慢はしない、といった感じが影を潜める。自分のしたいことも学びたいこともなく、「めんどくさい」「しんどい」「どうでもいい」を連発する。「無理」「できない」という言葉も増えつつあった。

こうした傾向は、この授業で当初行っていた三分間スピーチがたどった経過に表れている。このスピーチでは、自分が興味・関心をもったテーマを説明し、研究の経過を報告することを目指した。ところが、自分の興味の所在を自らつかめずじまいの学生や、周囲の反応に気兼ねして思うように話せない学生が増え、スピーチは成りたちにくくなっていった。時間を二分間に縮めたりしたものの、結局やらなくなった。

人を傷つけたくないといいながら、自分が傷つきたくないという匂いのする、「発表しない自由」「自分の考えをいわない自由」という主張もでてきた。「なにをするのもしないのも自由」という考えが、「学習成果の共有化」といった「学びの共同体づくり」を目指す授業の雰囲気を壊しつつあった。

また、レポートをまとめあげるには、起承転結などのストーリー性をもった文章を、学生がイメージできなければならない。それは、文章を書くために必要な基本的なセンスである。これが、年々落ちていた。

学問研究よりも原初的なレベルで自分をみつめ直し、自分を試したり、よりいっそう他者に向かって自分をさらしたりしていくような経験。断片的なできごとや記憶をストーリーとして叙述するトレーニングの機会。私はそれらの必要性を、強く感じはじめた。

その思いを伏線にして生まれた「自分史エッセイ集づくり」の試みについて、次に報告しよう。

2

自分史エッセイをつくろう

プロジェクトIの分岐点
（二〇〇一年度後期）

授業環境の変化

二〇〇一年度の授業は、新たな授業展開をみる。まずは、三ゼミ対象の個人研究レポート集づくりを半期ごとにするのではなく、通年での試みとした。

次は、一ゼミと三ゼミとの合同授業の実施である。直接のきっかけは、学部改組にともない、新カリキュラムとして、主として「人間関係づくり」を行う、一年生対象の基礎ゼミ（一〇名前後少人数クラス。通称、「一ゼミ」）がはじまったことにある。このため、一ゼミでの個人研究レポート集づくりを断念した。

そこで、これまでとは違う形で、一ゼミ生と三ゼミ生との間に「他者という回路」を設けられないかと考えた。そこで、三ゼミの前期は、個人研究レポート集づくりのための読書会を半分程度、もう半分は一ゼミに出向いての「感性の教育」のワークショップに参加することにした。

その後、三ゼミの後期に、個人研究レポート集づくりに本格的にとりくむ計画を立てた。

ヨコの壁・タテの壁

ところが、前期に実施した一ゼミ生と三ゼミ生の交流を兼ねたワークショップは、その目論見に反して、「他者という回路」をひらくことがなかなかできなかった。同一学年同士の「ヨコのつながり」さえなかなかとれない学生同士。異学年という「タテのつながり」は、もっと大きな壁だった。

三ゼミ生には、一ゼミ生へのキャンパス・ライフへのアドバイスやフォローを頼みとしていた。しかし、「感性の教育」自体が、一ゼミ生だけでなく、三ゼミ生にも自分の課題として大きくのしかかった。三ゼミ生にとって、授業で自分のことをみつめるので精いっぱいで、一ゼミ生どころではなかった。

一ゼミ生は、それだけでなく、ワークショップという授業スタイルに慣れてないことで、本当に目いっぱい。さらに、一ゼミ生には、三ゼミ生への気兼ねや遠慮が目立ち、なんともいいがたい硬い空気が流れていた。

ある程度、こうした事態になることを予想していた。しかし、あの手この手を尽くすのだが、教室の空気はなかなか緩まなかった。ジリジリと時間はすぎていく。

だが、前期の終盤、授業は思わぬ展開をしはじめる。

リレーエッセイ「17歳のころ」

二〇〇一年六月下旬、朝日新聞社の朝日21関西スクエアから、大阪本社版の夕刊に連載中のリレーエッセイ「17歳のころ」への執筆を頼まれた。このコーナーでは、関西各界のキー・パーソンやオピニオン・リーダーがリレー形式でそれぞれの一七歳を綴っていた。一三字×四七行（六一一字相当）の本文に、五三字以内の自己PR（名前のふりがなと、なにがしかの自己紹介）をいれるというものだった。この企画は、二〇〇一年一月五日から二〇〇二年三月二九日まで続けられ、好評を博していた。企画終了後、朝日新聞社編『17歳のころ』(二〇〇二)として公刊された。私のエッセイは、二〇〇一年七月六日付けの夕刊に掲載された。

島田博司　甲南女子大学助教授(42)

「見て見ぬふり、あたたかな視線」

舞台は、昭和50年代初めの島根県立松江北高校。目に浮かぶは、オンボロ木造校舎(同17年築)。建っているのが不思議なくらい。天井は高く、壁は隙間だらけ。冬には、雪が吹き込む始末。

そこには、名うての教師がいた。屋根の雀が逃げ出すほどの大声は生物学の岡嘉昭先生、粋人で酒を友とした漢文の藤脇久稔先生、言葉の奥深さに気づかせてくれた英語の山本和夫先生、冬でも素足は数学の土岐俊一先生…。

「質実剛健」「文武両道」を絵に描いたような学校で、地域の信頼も厚かった。でも、そこは血気盛んなころ。やりたいことはやった。

季節は秋。有志の発案で、教師の目を掠め、ナックルフォア競漕をすることにした。3年各クラスに呼びかけ、決行の断。陽射しが心地よい土曜日の昼下がり。市内中央を流れる大橋川。

生徒が見守る中、松江大橋から新大橋を越えた辺りまでで、2艇ずつの勝ち抜き戦をした。パーンと弾けた時間がそこにあった。後日、ボート部顧問の細木保興先生から「事前に言え」の苦言があるも、結局お咎めはなかった。

現代国語の石原亨先生の授業で詠んだ句がここにある。「目のおくがかすかに痛む朝焼けに生きづく若い僕たちの血潮」。これは学園祭のデコレーション準備のため、夜回りする教師の目を盗んでボート小屋で作業をし、夜明けを迎えたときのことである。

いい意味で、教師も地域の人も見て見ぬふりをしてくれた、そんな時代だった。

しまだ・ひろし　59年島根県生まれ。広島大学大学院修了。著書に「私語の誘惑と人間関係」「大学授業の生態誌」。

（『朝日新聞』二〇〇一年七月六日付け夕刊、大阪本社版）

過去への旅路がもたらすもの

この執筆は、高校時代の恩師や友人たちと、あのときのことをなぞり直す共同作業となり、私の過去へのふりかえりを促してくれた。

事実関係を確認するために、郷里に戻って取材したとき、高校時代にお世話になった先生方や同級生たちから、当時知らなかった舞台裏を知らされた。たとえば、学園祭の打ちあげの際、夜半にハメをはずしすぎて騒いでいた生徒たちへの苦情がでたときに、先生方がいかに生徒をかばってくれていたか。ナックルフォア競漕の実現に向けて、だれが計画を立て、先生たちにバレないようにことを進めたか。それに、いかに仲間たちが協力したかなど…。

人生の深さを知ると同時に、改めて感謝の気持ちが生まれた。「体験」が「経験」へと変わっていく瞬間に私は立ちあうこととなった。それはさらに、過去に埋もれ隠されていた人々の思いや配慮との出会いの場となった。この機会がなければ、私はそれらを知らずに人生をおえていたかもしれない。人生の意味は、リアルタイムで生きているときと、それをふりかえってみるときとでは、異なる色合いを示す不思議を体験した。

書き綴ってみるとわかるのだが、普段身近な人に話しているのとは違い、自分のことを不特定多数の読者相手にまとめることで新たな自分に気づくことがあった。読み手にわかるように、それもかぎられた字数で書くことはなかなか大変なことである。とはいえ、枠づけられたなかで書くことで、自分の過去について新たな視点が獲得されるおもしろさを体験できた。

自分の経験をコンパクトに整理するためには、新たな語り口も必要だった。書くことをより確実にするために地元で行ったインタビュー作業は、他者に対する「感謝の念」を発見するラッキーな旅となった。

そこで、そうした体験をリアルタイムでしているときに、ビビッとくるものがあった。「これだ！　これを大学授業で体験できないか」と。これがきっかけとなり、「可能なら学生にも同じような体験をしてほしい」と考えるようになった。

書く楽しさ

当時、私のなかで、ある思いがこみあげていた。それは、学生自身に、なにかを知りたい、学びたい、研究したい、表現したい、伝えたいという切実な気持ちがなければ、個人研究レポート集づくりを楽しめないということであった。

「ラクに楽しく要領よく生きたい」という学生にとって、卒業論文をまとめていく専門ゼミは厄介で、やらなくてすむならやりたくないものの筆頭のような存在となっていた。それまでは、「専門ゼミでは、自分のしたいことをして、卒論をまとめたらいいよ」と声をかければ、学生はなんとか卒論に手をつけていた。しかし、専門ゼミで学ぶという実感がなく、卒論をすべきものとは思ってもいない、それ以前にやりたいことがない、できればなにもしたくないとさえ思う学生が増えていた。これでは、卒論を楽しめない。

こうした学生の出現の背景には、学力低下がある。それは全国的な傾向ではあったが、学力重視の入試選抜の比重が薄れ、学生の基礎学力の定着が危うくなっていた。つまり、読み書きが覚束なくなっていた。個人研究レポートづくりにひきつけるなら、論文をまとめる基本となる、文章の起承転結がうまくつけられなくなっていた。

そうした力をどのようにつけたらいいのか。その実現可能性を探るなかで、エッセイづくりを思いたった。過去の自分をふりかえり、表現することで、自己理解を深め、それを他者に伝えることを体験することで、なにかを伝えることの楽しさやしんどさを存分に味わってはどうかと考えた。そのことによって、他者理解が進むことも期待できる。

実際に書いてみるとわかるのだが、不特定多数の読者に伝わるように、かぎられた字数で自分の過去をまとめるのは難しい。だが、そのような制約があればこそ、執筆内容を厳選し、過去を冷静にみつめ直すことができる。

かくして、個人研究レポート集づくりは、エッセイ集という新たな要素を得ることとなった。その結果、「読みごたえ」という、教師の力みが入ったタイトルはなくなった。新たにつけたタイトルは、「それぞれの物語」である。

若者のための自分史

「自分史」というと、高齢者が自分の「人生の総決算」をするものというイメージがある。しかし、「自分史」は若者にとっても意味ある試みになる予感がした。それは、「過去を整理（清算）し、未来の人生を切り拓く」ものになるはずである。

というのも、過去の親子関係や友達関係のしこりのある学生、たとえば、小中学校時代のイジメや虐待を受けたトラウマなどが澱のように心身に沈殿し、まるで金縛りにでもあったかのように、そこから抜けだせない学生が散見されるからである。

そのような状態に陥ったとき、内向きの〈自分探し〉だけをくりかえしてきた学生は、強いリセット願望や変身願望を抱く。だが、それは今の自分を否定するだけで、新たな生き方の開拓にはつながらない。

リセットなどとは違う形で過去を過去として収めるには、自分がどのような人生を送ってきたかを、できるだけ距離をおいて客観的にふりかえる必要がある。それを他者に向けて表現し、自分の思いをだれかに受けとめてもらう。それにより、似た経験をもつ者同士の共感が生まれたり、自分の思いが整理されたりする。新たな生き方の手がかりは、このような〈自分さらし〉のプロセスをたどってこそ得られる。自分史エッセイの執筆とその公開は、まさにその実践である。

また、自分史の執筆は、自分の過去を掘り起こし、それを今の視点でストーリー化する作業で成りたつ。「自分」という物語をつくりあげるこの作業は、基本的な文章トレーニングとしても有効である。

子ども時代は、自分自身の原点である。子ども時代をどうすごしたかが、その後の人間関係を左右する。学生一人ひとりが自分の中学・高校時代を「エッセイ」としてまとめることで、自分がどのような人生を送ってきたかをできるだけ距離をおいて、自分を客観的にふりかえり、今現在どう生きているのか、今後どう生きたいのかを考えるきっかけを提供することができるのではないかと考えた。

過去は過去として、どのように自分のなかに収めるか。収め方のひとつとして、「エッセイづくり」の手法を導入することにした。

「自分史エッセイ」づくりへ

とはいえ、朝日新聞社の企画を踏襲しただけではおもしろくない。「17歳のころ」のエッセイに加えて、「14歳のころ」のエッセイも書くことで、学生に「自分史エッセイ」二題を作成してもらうことにした。

過去の出来事のなかには、けっこうつらいことや、自分のコンプレックス、恥ずかしくて人にはなかなかいえないことなどがある。また、あまりにも近い過去の場合、うまく距離がとれず、思いだしたくないこともある。それは、とりあえずそのまま秘密にしておけばいい。

しかし、ある時間をへて、人に打ち明けることで、スッキリ感を味わえることもある。それを受けとめてくれた仲間に出会えてよかったということもある。自分をふりかえることは楽しいことばかりではないけれど、それを自己表現してみると、自分の予想外のことに出合うきっかけになったり、新たな自己発見や自己成長につながったりする場合もある。

確かに言語化することには、限界がある。大切なことは、言葉では表しきれないことも多い。それにもかかわらず、それをなんとか言葉にする試みを私たちは営々と続けてきている。それはなぜかを考えると、私たちは、言葉にすることでものごとを記憶し、自分なりに消化し、それを人びとと共有することで、生のありようを豊かにすることができるし、多くの人とつながって生きていけるからである。

言葉にするということは、空気や水と同じように、私たちが生きていく上で、なくてはならないものである。言葉にすることは、とてもつらくしんどい作業になる場合もあるけれど、そのことでかえって人生の豊かさや深みを知る機会はグッと広がる。

そこで、「17歳のころ」のエッセイに加えて、「14歳のころ」が反抗期にあたり、問題が多発することを考えて、「14歳のころ」のエッセイも書くことで、「自分史エッセイ」としてまとめることを思いついた。

ここに新たに、若者のための自分史エッセイづくりが口火を切った。もちろん、私も新たに「14歳のころ」のエッセイを書き下ろした。学生に〈自分さらし〉を促すのに、教師がしないではみっともない。以下がそれである。

島田博司

「女子がらみがポイントだった」

舞台は、昭和40年代末の島根大学附属中学校。新築校舎に集うのは、松江市とその周辺から集まってきた奇才・秀才・変人たち。勉強で溜まるストレスと、もてあますエネルギーを発散するために、授業開始30分以上前には登校して体育館でバスケットボールをしたり、昼休みには校庭でサッカーなどをしていた。それでも力はありあまる。

中学2年の初夏、昨秋完成したプールでなんと水泳の授業が男女一緒にはじまるとのこと。こともあろうに、僕は金づち状態。なんだか恥ずかしい。それまでには泳げるようになりたくて、一念発起して水泳部に入った。驚いたのは水泳部。泳げないヤツの入部は前代未聞。でも、そこには素敵な先輩女子、面白がる同級生、応援してくれる後輩女子がいた。世話好きな女先輩が手とり足とり教えてくれたおかげで、瞬く間にクロールや平泳ぎばかりか、背泳ぎでも50M泳げるようになった。やる気が肝心と知った。

秋には、有志の発案で初の文化祭を企画した。実行委員として参加するだけでなく、演劇部の依頼を受け、若草物語にも出演した。3年春には、コーラス部に請われて入部。市内予選を勝ち抜き、県大会でも二位になった。ともに女子中心の部活動で、男子はとても大切にされた。

そこで、僕は自分の存在価値を知り、新たな自分の可能性を発見した。あと、気になる女の子に放課後の呼び出しをかけられて出向いた屋上に、クラス中の女子が待ち構えていたほろ苦い思い出を語りたいところだけど、紙面がつきた。

女子がらみの出来事が中学生活を実り豊かなものにしてくれた。それは今も同じかな?

【自己PR】

しまだ・ひろし　二〇〇二年初春、フランシス・F・コッポラ監督「地獄の黙示録」（特別完全版）のロードショーを伝える新聞広告に登場。人生、なにが起こるかわからない！

幸い、二〇〇一年度以降は、個人研究レポート集の作成を年一回にすることにしたので、時間的余裕があった。

そこで、一ゼミ生と三ゼミ生に、過去の人間関係をふりかえってもらうために、自分史エッセイづくりを課題としてだした。一ゼミ生には、夏休みの宿題として与え、休み明けに提出してもらった。三ゼミ生にも、同じく夏休みの課題としてだしたが、引き続き後期の授業で添削のための時間を四回とって、完成してもらった。

執筆要項は、朝日新聞社の企画に倣った。ただし、字数はワープロソフトでの打ちだし原稿を想定し、三九字×一七行に設定したため、六六三字相当に増やした。

耳をすますと聞こえてくる

そんな折、二〇〇一年八月一一日に、リレーエッセイを書いた縁で、朝日21関西スクエア主催の「フォーラム朝日ひろば」にて、主として高校生を対象とした「『17歳』を語り合おう」というフォーラムに、主催者のひとりとして参加した。

ここでのやりとりの一部は、朝日新聞の八月二五日付け（大阪本社版）で紹介された。その際、「一七歳、一七歳と一口にいうけれど、ひとまとめにしないで」といった、高校生によるハッとする発言がいくつもあり、自分が高校時代に感じていた思いを改めて別の角度から思いだすことができた。自分の思いが大人に届かず、簡単に「いまどきの若者」ですまされることへのいらだち。一般論でいえることと各論でしかいえないことの違いをわきまえて大人が発言していたとしても、それをいちいち指摘しながら発言するわけではない。でも、そのことに敏感に反応する若い感性。さながら、高畑勲監督・脚本の映画『おもいでぽろぽろ』（一九九一）の主人公である妙子にでもなったような気分だった。

一一月に入って、磯村一路監督・脚本による高校生の青春と夢を描いた映画『がんばっていきまっしょい』（一九九八）を視聴する機会をもった。そこには、思いもかけず、リレーエッセイ「17歳のころ」で綴った内容のうち、ほとんどの学生がどんなものか想像できなかったボート競漕の様子が映っていた。この映画は、忘れていた過去の風景をすっと甦らせてくれた。たとえば、心に残るフレーズが主人公の口からこぼれ落ちる。「私、ボートがないとなんにもないんです」は、「ボート」という部分をなにかに置き換えると、そのときどきに自分がひたむきになって打ちこんでいた文化祭や水泳部での出来事を思い起こさせてくれた。

本編を視聴した後、ＤＶＤに収められていた予告編も覗いてみた。なかなか印象的なつくりになっていた。それは、次の字幕ではじまる。「この思い出のすべてが、あなたの力になっている」と。まさに、その通りである。

リレーエッセイ「17歳のころ」や、フォーラムでの高校生たちの話、映画作品に耳をすましていると、だんだんはっきりと聞こえてきた。「一年前の自分の声が、二年前の自分の声が…」「一年前の他者の声が、二年前の他者の声が…」。そして、自分がなにを得て、なにを失ったかがわかってきた。たとえば、得たものは「大人の文法」「学問の言葉」であり、失ったものは「若さの文法」「現場の言葉」である。

どちらも大切で、両者がそろって、また新たにみえてくるものもある。

危険を冒して教える・危険を冒して学ぶ

ところで、私が担当する授業では、毎回授業のおわりに学生にB５サイズの授業評価用紙を配布している。これに、授業への質問や意見や要望を自由に書いてもらっている（もちろん、出席チェックも兼ねているが、それは副次的なことにすぎない）。

これをもとに次回の授業の冒頭に「アンサー・タイム」を設け、できるかぎりコメントをかえしている。[☆1]それは、とりもなおさず学生の言語化をサポートするためであり、自分の授業の結果を知るためである。

そんな作業をくりかえしていくと、その場で紹介される他の学生の鋭く深い気づきに接して、焦りがちになる人もいる。そんな学生には、「慌てない。慌てない」と諭すのだが、これがなかなか難しい。

どの大学でもそうだが、入学当初の新入生が自大学の実像をつかむのは難しく、学生が同じ大学の学生を誤解しているケースが少なくない。たとえば、甲南女子大学の場合、女性ファッション誌への登場数の多さに由来するであろう、「南女生は、ハデで自分についてはあまり考えずに生きている」という憶測がそれである。

普段学生は、「自分について、しっかりと考えて生きている」学生の存在を知る機会は少ない。ところが、私の授業では、アンサー・タイムを通して、学生は他の受講生たちのリアクションに心底驚く体験を積み重ねることになる。

ここで驚いて我にかえるといいのだけれど、気持ちが焦り、考えが空回りして、どうしていいかわからなくなり、話が聞けなくなってしまう学生もいる。心構えができてないから、虚を衝かれた感じになり、授業の居心地がどうしても悪くなりがちである。場合によっては、その気持ちを自分で受けとめることができなくて、考えるのをやめるために無意識のうちに眠ってしまったり、イライラを募らせたりする学生もでてくる。そんな学生の気持ちを受けとめ損なうと、授業を深めていくことが難しくなる。

放置すれば、授業に危険が忍び寄る。そんなことにならないように、授業の危機管理として、学生が自分の気づきをどの程度までどのように表現しているかに注意を払っている。さらに、学生が表現したことに対して、どの程度までどのように表現して学生にかえしていくかにかなり気を配っている。だから、精神的にはけっこうキツイ。

そこまで気遣っても、学生とのやりとりには言葉が介在することなので、誤解がつきまとう。たとえば、ある話がこちらの人に通じても、別の人に通じるかというと、そうでもない。また、たくさんの人に通じる話がいいかというと、それも違う。そんなことをくりかえしていると、学生一人ひとりの意見にうまくアンサーできなくなってしまう。

学生からみれば、教師の発言は、大きな力をもちがちである。私からすれば、ひとつの考え方や意見として発言したとしても、途方もない圧迫感を覚える学生もいる。

そんなとき、お互いの溝を埋める往復運動が不可欠になる。コミュニケーションは、お互いがお互いの溝を深めるためにあるのではなく、埋めるためにあるのだから…。

確かに自分の感じていることや考えていることを、お互いに言葉にしていくことは大切である。だけど、この点を忘れると、せっかくの試みが台なしになってしまう。

そんなとき、教師も学生も、いい意味で余裕が必要となる。そんな私のモットーは、よく苦笑されるのだが、「熱くクールに、クールに熱く」である。

とはいえ、人間にはお互いに限界がある。こうした試みは、人間の相性がモロにでやすい。そんなとき、女子学生の口からのぼる言葉に、「生理的に受けつけない」ということがある。これは、教育現場では無視されがちな話だが、ぜったいにある。これを逃げ口上に使う気はないが、忘れてはならない「生の現実」である。

とはいえ、言語化という作業は、危険に満ちてはいるものの、人間の成長には必要なものである。

☆1　アンサー・タイムは、授業の流れで授業終了前になったり次回以降の授業で数回分をまとめて行ったりすることもある。場合によっては、プリントの形でまとめて配布したりもする。

他者攻撃の予防

話をもとに戻そう。

ところで、「自分史エッセイ」二題の作成をすすめるなかで、以後の自分史エッセイづくりに援用することになる、学生に譲れない指導原則のようなものを確立することができた。

それは、言語化がもつ危険の予防である。この試みは、過去の負の遺産とも向きあうことになるため、危険がともなう。いいことや楽しいことだけを思いだすというのならなんでもない。しかし、みんながみんな、素敵ないい思い出ばかりではない。なかったことにしてしまいたい出来事やイヤな思い出もある。それが、あらぬ形で暴発することもある。

このため、エッセイ作成にあたり、学生に唯一希望したことは、この本づくりを他者攻撃の場として利用しないということであった。たとえば、その種の過去をふりかえって書くとき、人は当時の関係者への攻撃的な言葉を連ねやすい。片方の言い分だけを書きたてても、もう一方の話が聞けない。そんなところでの発言は、およそ創造的ではない。

ただし、そこからなかなか抜けだせない学生もいる。そんな学生には、「相手を責めるだけでおわらないように」とアドバイスした。自分史をモノにするのは、困難がつきまとう。

しかし、このしんどい試みを自分のモノとすることによって、学生は普段なかなか知ることのできない、それぞれの本音にふれることができたり、自分のことに改めて気づいたり、お互いのことを知るきっかけになった。つらい思いやなかったことにしてしまいたい出来事をそれぞれがそれぞれの形でもっていることに気づく、いい機会になった。

多人数授業にも拡大

一ゼミ生と三ゼミ生の様子をみながらではあったが、この試みはイケルのではないかと判断した。とはいえ、少し気になる点があった。私が少人数授業を担当する場合、人間関係づくりのワークショップを行っている。人間関係の苦手な学生が増えるなか、それはなかなかすんなりとはいかない。なにをするにしても、ヘンな気兼ねや気遣いが交錯する。このため、エッセイを書くのにかなりのプレッシャーを感じる学生もいる。ある程度の匿名性の確保がこの試みの成否のカギを握っていそうだった。また、少ない人数だと、各自の体験内容に偏りが生じやすく、自分の体験との齟齬も生じやすく、他人事でおわってしまう可能性も少なくない。このため、かなりの匿名性が確保できる多人数授業で、それぞれの過去を共有する試みにした方がよさそうだった。

そこで、二〇〇一年度後期は、ゼミでの試みを講義科目にも拡大することにし、三年生対象の専門科目の授業「教育社会学Ⅱ」で自分史エッセイ集づくりを試みることにした。☆2 この年度からプロジェクトⅠの本づくりが年一回に移行していて、ここでの試みの成果を、ゼミの直接の成果ではないものの、前期のゼミ活動の成果の発展編として『それぞれの物語』(二〇〇二)に収録することにした。

☆2 〈授業の概略〉
プロジェクトを実施した授業は、後期開講の文学部人間関係学科三年生対象の専門科目である「教育社会学Ⅱ」。一一月中旬に、エッセイづくりを冬休みの宿題としてだした。エッセイは、五一名が提出した。このうち、匿名希望が一三名、非公開希望が一八名いた。字数は、六六三字相当とした。最終的に『それぞれの物語』(二〇〇二)に収録したのは、三三名分。

情報公開と匿名性の問題

自分史エッセイの作成にあたり、一ゼミ生と三ゼミ生には、「実名で公開できるものを書く」という共通理解で書いてもらった。

しかし、「教育社会学Ⅱ」では、より深い自己成長を促すために、「実名での公開」のほかに、「匿名での公開希望」と「非公開希望」の選択肢を設けた。というのも、「情報公開と匿名性」の問題を自分自身の問題として考えてほしかったからである。

もちろん、非公開だからこそ書けることもある。しかし、「学習成果の共有化」という授業課題があるので、なんらかの形では実名で公開することにした。このため、授業終了時にレポート提出者のみに配布する「自分史エッセイ集（授業配布版）」は、提出者全員分を実名で公開することにした。

実名にこだわったのは、よく指摘される匿名性の悪弊、つまりとかく自己意識が弱くなり、他人からどう思われるかに関心が向かなくなり、発言が無責任になったり、他者攻撃的になったりすることを避けるためでもある。また、公開にこだわったのは、先生が読むだけなら、適当に手を抜き、「要領よく単位をとろう」という気持ちが助長されることもあるからである。

こうしたことをくりかえし、無責任性や他罰性、表層的な要領よさが処世訓となることはマズイ。拙著『大学授業の生態誌』（二〇〇二）でも明らかにしたように、こうした態度は、「要領の悪循環」を生んでしまう。

二〇〇二年度前期開講の三年生対象の「教育社会学Ⅰ」を受講した学生が、授業評価に寄せた文章を紹介しよう。

「私は、学校という場でみんなと生活しだして一五年くらいたちます。そのなかで、科目以外のことでなにを学んだんでしょう。私は、人とあわせる楽しさと自分の意見を隠すやり方を余計に学んでしまった気がします。自分を苦しい方向にもっていっているのは自分かもしれない、と最近思います。ラクだと思っていたことが、逆に自分を苦しめていたらしい。これって、治るのカナ…。これが私だから、治さなくてもいいのカナ…」（二〇〇二年四月二二日）

この文章を読むと、日々の自分のありようが自分で気づかないうちに生きる姿勢に深く影響し、自分を傷つけることになる様子が伝わってくる。だけど、これに気づくことは、その人の成長のきっかけになる。自分に素直な言葉だから、彼女の独白はきっと多くの人の心に届くに違いない。自分だけが「素」で、みんなが「キャラ」で対応するなら、バカをみる。多くの学生のもつ、「自分の言葉がきちんと受けとめてもらえるか」という心配がわからないわけではない。この部分はとても大切だし、十分尊重したい。

将来の自分がみえてくる

ところで、青年期の群像を追うものに、写真家橋口譲二氏の印象的な仕事がある。彼は、『17歳の地図』（一九八八）という写真集をだした。そこには、全国の男女一〇二名に及ぶ若者たちが、写真と同時に、被写体の家族構成や、今朝の朝食、小遣い、最近読んだ本などのトピックが書かれた「プロフィール」が収録されている。

その後、彼はそれぞれの一〇年後を追跡し、「今、どうしてますか?」と問いかけることで、三八名の人生の軌跡を会話記録として残した。それは、『17歳の軌跡』（二〇〇〇）という本にまとめられている。

もし一〇年後に、このエッセイ集「17歳のころ」「14歳のころ」を手にとることがあれば、改めて自分自身に対して、「今、どうしてますか?」と尋ねてみるといいだろう。

こんなことを書いていると、一〇年後の自分の姿を今知りたいと思う人は少なくないだろう。しかし、さきほど紹介した「要領の悪循環」を体験している学生による一五年間の人生の回顧からも窺えるように、将来は今とともにあるし、過去とともにある。だとすれば、将来の自分の姿を知ることはそんなに難しいことではないかもしれない。なぜなら、それは人間の思考や行動パターンはなかなか変わらないからである。

「ラクに楽しく賢く要領よく生きよう」とするのは、かまわない。しかし、それを息苦しく感じるようなら、もう「要領の悪循環」がはじまっているのかもしれない。もしそうなら、要領が悪循環しないようにするにはどうしたらいいか。それが表層的な要領よさでおわらないようにするにはどうしたらいいか。改めて、自分をみつめ直してみるのもいい。

それらを理解するのに、他の人が書いたエッセイが、きっとほんの少しだけ役立つだろう。

自分史エッセイ集づくりの分岐点

自分史エッセイ集づくりの試みは、読売新聞の「文化・手帳」欄にて「心揺れた14、17歳のころ いじめの影、孤独との戦い　エッセーで顧みる試み」(二〇〇二年六月二八日付け夕刊、大阪本社版)

のタイトルで紹介された。反響は大きく、自分も読みたい、あるいは自分の子や孫に読ませたいというリクエストが相次いだ。

心揺れた14、17歳のころ　甲南女子大「授業記録集」に収録
いじめの影、孤独との戦い…エッセーで顧みる試み

現在の大学生は、神戸連続児童殺傷事件（一九九七年）や一連の「十七歳の凶行」（一昨年）を犯した若者と同年齢もしくは少し上の世代に当たる。そのため、時に十把一からげで問題視されてきた。また、いじめがまん延する中で小中学校時代を過ごしたためか、周囲に過度に気を使い、本音のコミュニケーションを避ける傾向があるといわれる。

そんな悩み多い世代の若者が「十四歳」「十七歳」のころを顧みて、エッセーの形で思いを表現する試みが甲南女子大学（神戸市）で行われた。できあがったばかりの二〇〇一年度授業記録集『それぞれの物語』＝写真＝に収録されている。

二十二歳の学生は、神戸の児童殺傷事件が「心に烙印のように残っている」と書く。交友関係に悩み、無理して周りに溶け込もうともがいていた時、事件が報じられた。逮捕された少年の「透明な存在」という科白に「心臓を鷲掴みにされた」。だが「近づいてはいけない向こう側の世界」に踏み込んだ少年に対して、自分は「こちら側の世界で歯を食いしばる勇気」を持てたと振り返る。

高校二年のころ「お茶したり、カラオケに行ったり、映画をみるくらいしか楽しみがなかった」と回想するのは、十九歳の学生だ。有り余る時間を持て余し、「なんのために生きているのか」とよく考えたという。心を楽にするすべを知らず、「精神的な孤独との戦いだった」と述べる。

指導した島田博司・助教授（教育社会学）は「感受性が強くて傷つきやすかったり、賢過ぎて何事にも挑戦できなかったり、息をひそめて暮らしていたり。文章を通してそれぞれの事情が見えてきた。いじめの影が全体に濃いことも改めて感じた」と話し、「これをきっかけに『他者に開かれた語り』へと踏み出してほしい」と期待をかける。

エッセーを書いた学生は五十人を超える。「近ごろの若者」の一言では片付けられない。一人ひとりの心の揺れが垣間見える。（達）

（『読売新聞』二〇〇二年六月二八日付け夕刊、大阪本社版）

自分史エッセイ集づくりには、それを書きあげた学生のためになるだけでなく、読者層の拡大という、新たな「他者という回路」を切りひらく社会的な効用があることがみえてきた。この反響は、この試みの可能性を後押しする応援歌となった。

しかし、それは、論文をまとめる基本として、文章の起承転結のつけ方などを学ぶ必要からはじめた自分史エッセイ集づくりが別の歩みをはじめる分岐点となった。

自分史エッセイ集づくりのプロジェクト化

そこで、自分史エッセイ集づくりの可能性を探るため、二〇〇二年度は二つのプロジェクトをスタートした。それは、プロジェクトⅡ「学校生活回顧プロジェクト」（3章参照）と、プロジェクトⅢ「大学生活サポートプロジェクト」（4章参照）である。

この二つのプロジェクトを推進していくことにしたため、自分史エッセイ集づくりは、個人研究レポート集づくりを目指すゼミ活動から離れることとなった。その結果、個人研究レポート集づくりは専門ゼミに限定する方向に、大きく舵を切り直した。そこで、二〇〇二年度の成果をまとめた『私を呼ぶモノ』は、四ゼミ生の手になる「ゼミ活動総括集」という新たな要素をいれながらも、ある意味で原点にかえった本づくりとなった。

3

過去を掘り起こす〈自分さらし〉

プロジェクトⅡ
学校生活回顧プロジェクト「14、17歳のころ」
（二〇〇二年度前期）

過去の掘り起こし――〈自分さらし〉

二〇〇二年度前期に実施した「学校生活回顧プロジェクト」は、二〇〇一年度よりはじめた「14、17歳のころ」をテーマにした自分史エッセイ集づくりを学内外に拡大する試みである。そこでは、小学校時代までさかのぼることを視野にいれている。この授業実践にとりくんだのは、二大学の二つの授業である。☆1

「14、17歳のころ」をまとめることで、学生になにが起こるのか、あるいは起こったのか。

エッセイを書く作業は、過去を掘り起こす〈自分さらし〉からはじまる。私は、アドバイスする。「うれしかったことや楽しかったことをどんどん書きだしてごらん」と。これは、結構つらつら筆が走る学生が多い。書きだす端から思いだし笑いをして、近くに座っている学生と盛りあがっている。もちろん、いきなりつまずいて、難しい顔をしている学生もいる。

それから、「哀しかったことや苦しかったこと、怒ったことをどんどん書きだしてごらん」と。すると、「先生、忘れてしまって、思いだせない…」という反応が少なからずでてくる。

それは、そうだろう。過去は、思いだしたいことばかりではない。消し去りたいものやリセットしてやり直したいものもある。それればかりか、いまだに自分のなかでうまく消化しきれていない自分の不可解な行動や感情などが呼び起こされ、自分を見失うことにならないよう、記憶をセーブしていることは少なくない。

簡単にわかりたくない、わかる苦しみを体験したくない、わかるとつまらなくなるからわからないままでいたいものもある。とりあえずの答えを用意して、日々の流れに身をゆだねるのは心地いい。それも、生きる上では、必要なことである。

そこで、学生の「思いだせない…」という声を聞き流しながら、「思いだせないものは、しょうがないねえ。思いだせるものをどんどん思いだして、そのときどんなことを感じ、どんな行動をし、まわりがどんな反応をしたか、書いていこう」と言葉をつなげていく。

うまく言葉がでてこないこともあるので、学生同士で話しあいをしたり、お互いの文書を読みあったりして、フォローしあってもらう。私も、仮原稿を提出してもらったり、机間巡視をしたりしながら、サポートしていく。

☆1 〈授業の概略〉

プロジェクトを実施した授業は、学内では一年生対象の必修科目である「自分の探求」、学外では非常勤講師で出向いている島根大学で開講された三年生対象の教職科目である「特別活動指導論」である。

「自分の探求」は、初回は全担当教師一八名による合同オリエンテーションで、以後二名の教師が五〇名ばかりの学生を六週ずつ交代で受けもった。前後半クラスとも同じ日程で、第一回目はイントロダクションで、自分史エッセイづくりの説明に続き、自己紹介や他者紹介。第二回目は、映画『がんばっていきまっしょい』（愛媛の高校を舞台に女子ボート部の創部からの顛末を描いた同名小説を映画化）の部分鑑賞。残り四回で、原稿の添削を受け、エッセイを完成してもらった（最終受講者数は前後半クラスとも五一名ずつの、合計一〇二名）。

「特別活動指導論」は、夏期休暇中に四日間の集中講義で行った。初日終了直前に課題をだし、三日目終了時に学生同士によるピアレヴューを実施(一五分)。最終日終了時に仮原稿を提出してもらい、変更があれば一〇日後までに完成原稿を改めて提出、なければそれを完成原稿とした(最終受講者数六〇名)。

なお、書くテーマは、「自分の探求」では自由、「特別活動指導論」では特別活動にかかわるものに限定した。字数は、六六三字相当とした。

大人になるということ

すると、不思議な瞬間が訪れることがある。それは、学生にとっても予期せぬことであることも多い。他の学生や私に話をし、話を聞いてもらっているうちに、なにか弾ける人がでてくる。

お互いのやりとりのなかで、とりあえずの答えではない答えをみつけ、顔がパッと明るくなる。きちんと答えをだすことが答えになるときを迎える。不意にあれこれの意味がわかり、「そういうことだったんですネ」、あるいは「そういうことかもしれませんネ」といってニコニコしている。答えをださないことがそのときの答えだったと気づき、時間が解決してくれることを実感する瞬間である。年齢を重ねること、大人になることが素敵に感じられる瞬間でもある。

それは、自分の人生に和解するということなのかもしれない。ある人の行為をとても許せないと感じていたはずなのに、許せている自分がいたりする。たとえば、「こんな世界に生まれたくなかった」「こんな家に生まれたくなかった」「男(あるいは、女)に生まれたくなかった」などのセリフを吐きながら、この世に生まれでたことを嘆き、親が好き勝手にセックスをし、その結果生まれてきたにすぎないと憎まれ口を叩く学生をよくみかける。そういうとき、「あなたが生まれることや、どの親のもとに生まれるか、どの性で生まれるかなどを、自分で選んだとは考えられないだろうか」と投げかける。すると、キョトンとしながらも、笑いだす学生もいる。さらに、「生まれることは選べなかったかもしれないけど、これからの人生をどう生きるかは君が選べるよ！」といったりする。すると、ひょんな拍子に、学生が自分の人生を自分のものとして受けいれることができるようになる。ヘンに親のせいにせず、自分の人生を自分の責任で生きていけるようになる。そう、なにごとも人のせいにしていては、自分の人生ははじまらないと気づく。

ある学生は、高校のとき、自分の人生をふりかえった。彼女によると、「そのとき、それまでの人生は母のいいなりに生きてきた感じがしていて、自分自身が空洞のような気がして落ちこんだ。だけど、無難な道へ無難な道へ、と母が自分を気遣ってくれることが今なら理解できる。今は、私は私が納得して進んできた道だという自信がある。確かに母の思い通りに歩んできてはいる。しかし、私が納得した上で選んだ道でもある。だから、後悔せず、毎日楽しくすごすことができているのだ、と悩んで考え、落ちこんだ末に結論に達することができた」という。

また、ある学生は、その気もないのに恋愛ごっこをして、カレシを傷つけた自分を嫌っていた。明らかに彼女の顔は曇っていた。それをエッセイにすることははばかられたが、彼女はそれが一番気がかりだった。しかし、どう考えても自分の行為が許せない。そこで私は、「すぎ去った過去は変えられないけど、今度同じような場面に遭遇したら、違う選択肢を選べるようにしたらいいよ。今回のエッセイは、その反省材料になるよう、素直に書いてみよう」とアドバイスした。彼女は、エッセイを書く作業のなかで、これから自分がどう生きていったらいいのか、どう人とかかわったらいいのか、生きるヒントをどんどん発見していった。書きあげた彼女の顔は晴れやかで、ホッとしている様子が傍から十分わかった。顔つきが変わるとは、まさにこのことだ。

私に「苦しみをともなわないものは学びではない」といわれ、突然昔部活をやっているときに先生に「しんどくなってからが、自分の伸びるときや」っていわれたことを思いだした学生もいる。今までの自分をふりかえってみると、あんまり伸びていないような気がして、このままじゃダメだと、一念発起した学生もいる。

中高時代にバレーボールをしていた学生は、ふりかえる。「毎日練習して、先生にたくさん怒られたし、ケガもしたし、辞めようと思ったことも何回もあったけど、なんとか続けました。今思えば、よくやったなと思います。そのときは、ただやるしかないと思っていました。高校のときの大きな課題は、自分を変えることでした。性格やものの考え方を、変えよう変えようと努力していたときは、なにをしてもダメでした。なにをしてもダメだったので、常に悩むだけで、行動していませんでした。そこに気づくことができて、小さなことからやってみようと思いました。後輩の指導やちょっとした雑用などを自分からすることで、気がラクになりました。というより、少しまわりがみえはじめました。先生からは、変わろうと思えば三分で変われるといわれていて、かなり時間はかかったけど、自分自身でわかるほど変わったと思います」と。

新たな自分が生まれるとき、人はしんどさをいっぱい体験する。母が産みの苦しみや痛みを味わったように、自分で自分を受けとめる苦しみや痛みに耐えるときがだれでもある。反抗期は、きっと傍目にもわかりやすい胎動期なのだろう。その先に、大人の世界が広がっている。

だから、小さいときは、大人になることへの憧れがある。無力な自分にさよならし、新たな可能性に生きることができるような気がしている。だけど、現実には、大人になることは素敵なことばかりではない。歳だけとっても、昨日の自分と今日の自分にどれほどの違いがあるわけでもない。

それに、大人になるしんどさに耐えて乗りこえたもののみがしあわせになるというなら、話は簡単である。しかし、大人になってしあわせになれるかというと、そうとばかりはいえない。学生は、いう。「大人になりたくない。就職したくない」と。

モヤモヤとしたもので胸がつかえ、なにがなんだかわからなくなってくる。そのつかえは、イヤだけど、イヤじゃない。急いでとり除きたいようでもあるし、しばらくそのままでいてほしい気もしないではない。キャンパス・ライフでは、そんなムズムズする自分を体験することになる。

だから、エッセイづくりでは、とりあえず自分の感じているものや考えているものを自分なりに言葉にしたり、だれかに語りかけたりすることを勧める。慣れないうちは、なかなかうまくいかず、もどかしい。だけど、表現していくうちに、つかみどころがなく不確かだったものがだんだん形になっていく。

「若者のための自分史」の意味

打ち明け話をしていると、「実は僕もそうだ！」「私もそうなのよ！」「ちょっと前の僕みたい！」なんて、いわれたりする。「な〜んだ、自分のことがわからないのは自分だけじゃなかったんだ」ってわかる。なんだかホッとする。

ひょっとしたら、「あなたのいいたいことは、こんなことかな…」って、あなたの感じていることを表現する手伝いをしてくれるかもしれない。「そうそう」となるときもあれば、「そうじゃなくって…」という感じで、お互いの表現のズレから自分を語る糸口がみつかる場合もある。

また、「私の場合、こんなふうに感じてたんだけど…」なんて、自分が思い描いていたこととは異なるストーリーを語りはじめる人がいる。思いがけず、思いもしない感性に出会い、意外なことに気づかされたりする。

相手の反応や出方次第で変わる自分の語り口に驚いたり、とまどったりすることもあるだろう。でも、それは恐れるに足らない。いや、それどころか、人が代わることによって新たな自分の一面に気づけることは楽しみですらある。自分のことや自他の違いがわかるきっかけをやすやすと逃す手はない。

そんな体験をくりかえすうちに、自分がなにを人に伝えたいのか、どんなふうに聞いてもらいたいかがわかってくる。人がなにを自分に伝えたいのか、どんなふうに聞いてもらいたいかがわかってくる。自分のだし方、相手の受けとめ方の感じがつかめてくる。

その場に居合わせた人がお互いに耳をすましていくと、お互いがお互いに相手を発見し、お互いがお互いに自分を発見していく。そのプロセスのなかで、自分の体験したことの意味がわかってくる。

すると、不思議なことが次々と起こりだす。生きている世界が違った色合いをみせはじめる。ある学生は、「ある日、ベッドに足を伸ばして寝そべっているとき、不意に世界が変わってみえて、自分のまわりが急に輝きだした」と表現してくれた。

ところで、別のある学生は、「これが自分の生き方だし、みんな自分のことをそう思っているから変われない。だから、自分は誤解されやすい」といっていた。はたして本当だろうか。私には、どこかそんな自分に酔っているようにみえた。自己の存在価値（個性）を主張するかのような「これが自分の生き方だ」という表現、「みんな自分のことをそう思っている」「自分は誤解されやすい」といった他人のせいにする表現…。知らない人となにかにとりくむといった、自分のこれまでのやり方が通じなくなるようなシーンになると、あれこれ言い訳し、逃げよう避けようとする。私には、妙に大人になるばかりで、自分を生かす覚悟と勇気がないようにみえるのだが、はたしてどうだろう。

〈自分さらし〉は〈他者さらし〉を促し、自己理解や他者理解を促進させる。エッセイづくりをしていると、こんなことが起きてくる。

友達ができることが大事

ところで、一年生対象の「自分の探求」の授業では、エッセイづくりは大変な作業となった。入学したばかりで、まだ文章を書きなれていないため、なかなか文が進まない。とくに「17歳のころ」が書けない。

一七歳という年齢がこの間のことで、今の自分との距離がとれず、自分をうまく客観視できない。あれこれありすぎた人は、あれこれ書きたいけれど書ききれないし、どれを選んだらいいのか悩ましい。変わらない毎日をまったりと送った人は、なにを書いたらいいのかわからない。そもそも自分を知ることが難しい。

学生同士で文章をチェックしあうのも、どこをどうチェックしていいかわからない。意見があっても、お互いの遠慮もあり、どう伝えていいのかわからない。そんなこんなで、私のアドバイスや添削は多岐にわたった（これは、後述するマニュアル「エッセイを書く際のポイント」として整理されていく）。

しんどい思いをしながらも、多くの学生がなによりも喜んでいたのは、この授業で新しい友達ができたことである。一回目の授業では、知らないもの同士でコミュニケーションをとってもらった。三回目以降の授業では、エッセイづくりをするにあたって、ランダムに五〜六人ずつにグルーピングして、各グループ内でお互いに助けあいながら継続的に作業を進めてもらった。そうこうするうちに、次第にクラスの雰囲気が和んできた。自分の書いたエッセイをめぐって、新たにできた友達や私とやりとりしていくうちに、自分の過去や現実の意味が変わりそうな視点がみつかって、顔色が明るくなる学生もでてきた。「しんどかったけど、よかった」といってくれる学生もでてきて、ホッとした。

もちろん、まわりになじめない学生やなじみの学生としかかかわろうとしない学生もいる。しかし、あいさつをしたり、気軽に話せる友達ができたりしていくうちに、それなりに自分の居場所がみつかっていくようだった。

とはいえ、〈自分の探求〉は重いテーマである。「自分とはなにか」「どう生きたらいいのか」について真正面から向きあうより、胸に秘めている方がいいという学生も少なくない（これは、授業を担当する教師も同じだろう）。究極的には解決できない問題なのだから、「軽いノリで日々をエンジヨイできればそれでいいじゃないか」とか思っている学生には、受講科目に他の選択肢があってもいい。

総じていえることは、今の新入生に必要なのは、友達づくりや居場所づくりに役立つ仕掛けなら、エッセイづくりにかぎらず、なんでもいいということかもしれない。

人間関係が落ち着いてこそ

島根大学で講義した「特別活動指導論」では、テーマが特別活動に絞られていたことや、受講者が三年生ということでレポートなどを書く機会が多いせいか、与えられた時間が少なかった割にはエッセイをうまくまとめていた。四日間の集中講義だったから、学生も全エネルギーを投入しやすかったのかもしれない。

学生同士の読みあわせも、三年間の積み重ねである程度人間関係が落ち着いているためか、スムーズに進んでいた。三日目の授業の残り一五分で、グループを組んで三人以上の原稿を読んでコメントやアドバイスを書きこむことにしたが、本当に集中して読みあっていた。時間が足りないところは、グループごとに授業がおわってから居残ってしてもらった。読みおわると、教室のいろんなところから「みんな、けっこう青春してるんだ」という声があがり、お互いを再発見しているようだった。お互いの添削が効を奏したのだろう。

話は少しそれるが、「総合的な学習の時間」の導入や学校週五日制の実施にともない、運動会や文化祭、学芸会、遠足などの特別活動の時間が削減されつつある。ゆとり教育で減った授業時間を補うために、行事見直しの指導をしている教育委員会も少なくない。

それに加え、新学習指導要領では、中学・高校のクラブ活動は特別活動からはずされた。多くは、部活動代替でやってきたクラブ活動がなくなることの影響は少なくないだろう。

クラブ活動が形骸化し、存続する意味がなくなっているというが、はたしてどうだろう。学生のエッセイでは、学校生活における、学校生活ならではこその、この部分の悲喜こもごものできごとがエピソードとして多く語られている。彼らは、特別活動そのものだけでなく、それにともなう人間関係に楽しみをみつけている。

教育現場では、そうした活動が学習にもいい影響を及ぼすことを経験的に知っている。だからこそ、この部分の教育に大きなエネルギーがそそがれてきた。

カリキュラム改革の流れのなかで、「一服の清涼剤」ともいわれたクラブ活動をはじめとする特別活動や課外活動などの仕掛けが緩み、勉強もつまらない、とくに目標もなく、人間関係もうまくいかない生徒が増えるとなると、昨今大きな社会問題となっている中途退学者がますます増加してしまうかもしれない。

学校行事をはじめとする特別活動は、社会性など集団のなかでしか身につけられないような資質を養う絶好の機会である。学校はどういう場所なのか、これからどうしていったらいいのか。学力低下論議がかまびすしいこのごろだが、人間関係能力低下論議ももっと盛んにする必要があるだろう。児童・生徒にとって大事な特別活動とはなにかについて、児童・生徒の声や、この本で試みたように比較的最近まで生徒だった学生の声などを反映させながら行事を精選していくことが必要ではないだろうか。

こんな思いは、5章でとりあげる、〈自分試し〉をキーワードにしたプロジェクトⅣにつながっていく。

表5　教育研究ネットワーク叢書一覧

0．島田博司編『耳をすます～「自分史エッセイ」の試み』(2002年11月)
〔構成〕○自分史エッセイ集。
1．島田博司編『ケルン～「自分史エッセイ」の試み』(2003年3月)
〔構成〕○自分史エッセイ集。
2．島田博司編『ケルン～「自分史エッセイ」の試み【特別完全版】』(2003年5月)
〔構成〕①自分史エッセイ集、②自分史エッセイへのコメント集。
3．島田博司編『運動会～〈自分試し〉の物語』(2004年1月)
〔構成〕①自分史エッセイ集、②研究論文1点：「「自分史作成サポートアンケート」導入の試み」(島田論文)。
4．島田博司編『ケルンⅢ～〈自分飾り〉からの脱出物語』(2004年4月)
〔構成〕○自分史エッセイ集。
5．島田博司編『ケルンⅢ～〈自分飾り〉からの脱出物語【大学ガイド版】』(2004年5月)
〔構成〕○自分史エッセイ集。
6．島田博司編『幸せのレシピ』(2004年11月)
〔構成〕①幸せのレシピ集、②「Love & Hate」集。
7．島田博司編『トレイル・エンジェルス～幸せのレシピ2』(2005年3月)
〔構成〕○幸せのレシピ集。
8．島田博司編『まじない～生きる意味の遍歴〈私たちのプチ言行録〉』(2005年11月)
〔構成〕○まじない集。
9．島田博司編『なぜなに集～言葉がとびかう学びの広場』(2006年3月)
〔構成〕○なぜなに集。

『耳をすます』の誕生と叢書化

かくして、「学校生活回顧プロジェクト」の最初の成果である『耳をすます』（二〇〇二）が、大学の教育実践記録を収める「甲南女子大学教育研究ネットワーク叢書」という器を得て、誕生した。以下、二〇〇五年度終了現在までに出版した本のバックナンバー（第0号〜第9号）と構成を紹介しよう（表5）。〔構成〕欄は、本の主たる構成部分を紹介している。

コラム1

泣き笑い

学生たちとの出会いは、いつも波乱含み。そこでは泣き笑いが〝爆発〟する。

8月初旬、島根県立大学に呼ばれて集中講義をした。教師をめざす学生が実践形式で「教育方法論」を学ぶ講義の第1日目、すんなりとおわるつもりが、教師役をうまくできなかった女子学生が教卓を前に茫然自失《ぼうぜんじしつ》状態になってしまった。

チャイムが響く中、半端なままでおわりにしてはいけないと感じ、退室自由とし、授業を続行。涙が今にもこぼれそうな彼女に、心を鬼にして「涙を流すのはまだ早い」と、叱咤《しった》した。彼女は涙をこらえ、なんとか最後までやりとげた。

授業がおわると、残った学生らから拍手が起きたが、彼女はあっという間に教室を飛びだした。私は心配になったが、彼女の友人である学生が「あの子なら大丈夫」という。気がつけば、25分間の延長授業。彼女もがんばったし、他の学生もよくつきあってくれたものだ。

翌朝、彼女はしっかりと授業にでてきた。まずは、一安心。

4日目の最終日。教室には、そこかしこに笑顔があふれていた。彼女は、実際に講義から逃げだしたい気持ちもあったけど、負けずにがんばると決めて最後まで出てきたことを伝えてくれた。

彼女がそう決めたのは、教師になる夢があるから、つらい時間をいっしょにすごして見守ってくれる仲間がいたからだろう。痛みを感じる授業。そこには、こんな世界が広がる可能性がある。がんばっていきまっしょい！

（『読売新聞』二〇〇五年一〇月六日付け夕刊、大阪本社版）

4

キャラの苦しみ　素の自分はどこに？

プロジェクトⅢ
大学生活サポートプロジェクト「ケルン」
（二〇〇二年度後期）

自分史エッセイ集『ケルン』作成の概要

近年、校風を知らずに入学したり、校風のイメージを自分勝手に膨らましたりして、それに呑みこまれる学生が目立ってきた。このため、学生がキャンパス・ライフに速やかに慣れるために、なんらかの方途が必要となっている。導入教育（一年次教育）の充実が求められるゆえんである。また、就職活動にともなう自己分析が一般化している現状をふまえ、学生が自分を見失わないように、広い意味でのキャリア形成をサポートし、ケアする必要もある。

そのために立ちあげたのが、プロジェクトⅢ「大学生活サポートプロジェクト」である。このプロジェクトでは、学生がキャンパスで、①いかに人間関係を築き、維持しているのか、②いかに学んでいるのか、③いかにアイデンティティーを発展させているのか、④いかにキャリア（職業およびライフスタイル）を決定していくのか、などを明らかにし、学生がキャンパス・ライフをうまく送る指針を提供したいと考えた。

イメージに踊らされる

ところで、私の勤務する女子大学の名前を聞いて、一般の人はどんなイメージをもつだろうか。もちろん、世代による差は少なくない。かつてあったのは、「お嬢様大学」。現在は、女性誌によく登場するファッションの最先端をいく大学といったところだろうか。

この「〇〇大学」というところに、いろいろな大学名をあてはめてみるといい。たとえば、「京都大学」といえば、「自由な学風」「自主自立の学風」を基本理念に掲げ、学生の自主性を重んじているイメージがある。

とはいえ、こうしたブランド効果は年々薄れている。学生は、さまざまな思いを抱いて、四月にキャンパスに入ってくる。

キャンパスに通じる道々を期待と不安が微妙にいり混じった複雑な気持ちで歩きつつ、キャンパスに踏みこむ。「大学は、自由なところ、ラクなところ、遊べるところだ」と聞かされ、解放感に包まれてルンルン気分の学生もいれば、「なんとなく」きてしまい、とりたててなにも思っていない学生もいる。

私の勤める女子大学であれば、学生はこの大学に入学したことに対しては、どう思っているのだろうか。

とにかく入りたかったという第一希望で入学した学生は、かつて築かれた「お嬢様大学」というブランドイメージに憧れてきている。

第一希望校に落ちて仕方なく入学した学生は、入学した大学名を答えるのもイヤな気持ちでいる。入学を決めてからはじめて、まわりからいろいろと話を吹きこまれ、とまどいを隠せないまま、入学式を迎える学生もいる。

近年増えつつある、自分が学びたいものが学べるところとして、この大学を選んだ学生は、早速友達づくりをはじめている。

高校からの内部進学生は、友達とともに進学しているから、最初から仲間との話に花が咲いている。ひときわにぎやかなこの集団は、周囲に異彩を放っている。とはいえ、女性ファッション誌に載る学生のイメージからは一歩も二歩も距離をおいているから、見た目派手な学生はあまりいない。

こうして一人ひとりをみていくと、いろいろな学生がいることに気づく。また、新学部や新学科が次々と立ちあがる昨今、資格志向、マジメ志向、勉強志向の学生の入学生が増加している。

とはいえ、その大学のイメージは、それがいくら実態とかけはなれたものであっても、幻想として生き続けている。それには、それなりの理由がある。たとえば、女性誌でとりあげられがちな大学イメージには、それなりの共通点があり、ある種のブランド性、ステータスを確立しているといってもいい。

私のゼミにも、そんな雑誌に登場している学生がいた。彼女たちは、アルバイト感覚で登場し、雑誌が望むイメージづくりにつきあっており、雑誌づくりの商魂に踊らされているというより、自己表現の場として活用していた。一見利用されつつ、しっかり利用している。

学生の見かけは一様にみえるかもしれない。しかし、その現実は多様である。

新入生がこうした実情を知るには少々時間がかかる。このため、その大学の実態を知り、入学前に仕入れたイメージが偏見にすぎなかったと気づくまでは、それは学生一人ひとりの心に住み着き、影響を及ぼす。

二つのカルチャー・ショック

学生一人ひとりが、お互いの内面を知らず、人間関係の距離をはかりあうとき、通俗的なイメージは相手をはかる数少ない手がかりとなる。雑誌で紹介されるような学生はほんの一握りにすぎなくても、イメージ先行でそんな学生ばかりだと思っていると、心に余裕がない入学当初には、自然とそういう学生に目がいき、そんな学生ばかりの大学だと思ってしまいがちである。

そのイメージにのりたい学生は、安心して自分を磨き?だす。そのイメージを知らずに入学した学生は、ある種戦々恐々としている。知っていてもそれにはのらない学生は、泰然自若を決めこんだりしている。

一般にもたれているイメージが幻想であっても、人間関係が落ち着くまでは幻想は現実として生き続ける。世間一般が学生を誤解している以上に、学生自身がその大学の学生を誤解する状況が生まれてしまう。

高校とは異なる教育環境にとまどう大学ショック。各大学のもつイメージに飲みこまれる大学カラーショック。この二つのカルチャー・ショックにしばらく翻弄される。

きれいなお姉さまばかりいるようにみえる南女ショックは、その好例である。どこの大学でもそうだろうが、一番の壁は入学式当日である。登学の道すがら、周囲の学生の様子、といっても気になる一部の学生が目に入る。そこに、目が止まって動かなくなると、そうした学生しかいないような視野狭窄に陥る。すると、その他大勢の学生がみえなくなる。自分のみたいものをみているにすぎないのだが、これに気づくのは難しい。気後れすることで、怖気づく。友達をつくれず、次第に孤立していく。入学式終了早々、不登校気味になり、退学が身近なものになっていく。

「素」の学生がみえるようになるには、しばらく時間がかかる。

かかわりあうこと

しかし、人はかかわりあうと、お互いのことがみえてくる。オリエンテーションの時期がすぎ、授業がはじまりだすと、だんだんそれぞれの顔がみえてくるようになる。そうすると、最初の印象が悪ければ悪いほど?、イメージが好転したとき、ますますよくお互いのことを認めあうことができるようになってくる。南女生が上級学年になればなるほど、ここの学生であることを誇りに思うのは、そうした体験をするからだろう。

とはいえ、人間関係づくりの苦手な学生が少なくない。そこで、大学も学生同士を知る機会を増やすために、学科ごとに、入学式直後にクラス会と称して保証人を交えての食事会をしたり、入学後一ヶ月ぐらいたったころに歓迎パーティーをしたりしている。また、一、二年生対象の、少人数で行う基礎ゼミでは、人間関係づくりに主眼をおき、学生の友達づくりを支援している。

さまざまな機会を介して友達関係が安定してくると、キャンパス・ライフは楽しくなる。女子学生の人間関係のバロメーターともいえる「お茶タイム」を共有する親友（信友・心友）ができると、ますます楽しくなってくる。専門（卒業研究）ゼミで好きな勉強をいっしょにできる友達ができるころには、すっかり大学になじんでいる。「今、ここにいていいんだ」と感じられるほどの居心地がいい人間関係ができればできるほど、大学への満足感も高まってくる。

三年生後期になると、恋愛、アルバイト、ダブルスクール、ゼミなどを体験したことで、ちょっとたくましくなっている。生きる世界がますます広がり、どんな体験かは人それぞれだが、一通りの苦難?を体験したことで、少々のことでは傷つかないタフさを身につけ、それによって得たやさしさがにじみはじめる。

昨今どの大学でもそうだろうが、自分のことを大切に思えず、自信がもてず、自尊感情が低い学生が少なくない。そうした学生も、悩むだけでなく、行動することで、自分の人生を前向きに考えられるようになってくる。

後輩に読まれることの意味

学生のキャンパス・ライフは、実際どうなのか。大学は、学生にどんなことができるだろうか。このことを知るために、二〇〇二年度後期開講の三年生対象の「教育社会学Ⅱ」を受けている学生たちに、「大学一年生、大学三年生のころ」のことを「入学したころの私」と「現在の私」という形に翻案し、自分史エッセイを書いてもらうことにした。[☆1]

大学三年生になると、就職活動に向けて、自分をみつめたり語ったりする機会が増える。そこでは、自己分析の重要性が増す。自分史エッセイづくりは、なによりも自己分析に役立つ。

今回のエッセイ集づくりでは、他者、とりわけ後輩たちに読まれることを強調した。ちょっと身近な他者に知ってもらうことは、だれに向かって書いたらいいのかの指針になる。自分のしたことが他者に役立つとなれば、自分の存在価値がでてくるし、存在証明にもなるだろう。さらに、自分史エッセイを後輩に託すことで、後輩のサポーターになってほしかった。書いた本人がそこにいないのに役立てる不思議を想像してほしい。それは、どんなにすばらしいことだろう。

そればかりではない。自分を語ろうとすると、そこにはある流れが生まれる。手繰り寄せた記憶のなかから、ストーリー（お話）が生まれてくる。自分の内面やまわりとの関係がひとつながりの言葉となっていく。だれかに知ってもらおうとすることで、頭のなかでボヤーッとなにげなく思っていたことに形や方向性が与えられ、思いもしなかった言葉が紡ぎだされていく。そのときどきの感情が甦り、喜び、怒り、哀しみ、楽しさなどの感情が解き放たれる。カタルシスがおきる。自分がラクになっていくと、ゆとりが生まれてくる。今後の自分の生き方を客観的にみつめる、いい機会となる。

☆1 〈授業の概略〉
プロジェクトを実施した授業は、文学部人間関係学科の三年生対象の専門科目である「教育社会学Ⅱ」。一二月中旬に、エッセイづくりを冬休みの宿題としてだした。具体的には、「大学一年生、大学三年生のころ」をテーマに書いてもらった。字数は、六六三字相当。エッセイは、六四名が提出。最終的に『ケルン』（二〇〇三）に収録したのは、五九名分。

友達に読まれることの意味

今回、各エッセイを私に提出するとき、「大学内の友達三名のコメントをもらうこと」という条件をつけた。普段、教師以外の人からコメントをもらうことはない。自分のメッセージに対する直接のコメントをもらうのは、うれし恥ずかし体験となる。

この手の話を学内の友達同士でする機会は、あるようでない。大学の友達は、大学にいるときだけの「ときだけ友達」で、それ以外の時間を共有し、楽しんだりするわけではないと一線を画し、割りきっていることが多い。友達は友達だけど、友達のことはなにもわからないし、知らないケースは少なくない。それどころか、どこでも「ときだけ友達」が溢れている。

そんななか、だれかが自分の話をきちんと受けとめ、話に共感してくれたり、うなずいてくれたりすると、どこかマイナスにとらえがちだった自分を、ありのままの自分として自分できちんと受けとめられるようになる。そのことで、「本当はこれを話したかった」というようなことを話してみたくなるかもしれない。

たとえば、イジメられている人を助けられなかったばかりか、自分がイジメられないようにイジメに参加したり、みてみぬふりをしたりしたという、ある種の負い目や後ろめたさをひきずっているとしよう。そうしたイジメにどう対処したらよかったのか。今、距離をおいて過去の自分と向きあってみる。

そうしたことができれば、きっと自分のなかにある「負の遺産」としっかりとおさらばするきっかけになるにちがいない。場合によっては、思いがけずアドバイスや話を聞いてくれた人の体験話まで聞けるかもしれない。これは、人生の醍醐味というものである。

コメントを寄せるように頼まれた人にとっても、事情は同じである。手にしたエッセイは、他者発見と、それを通した自己発見につながっていく。共感することもあれば、驚きを呼び覚ますこともあるだろう。それは、各方面に波及効果を及ぼすことになる。

それは、学生に留まらない。私にとっては、学生の理解に役立つだけでなく、授業改善のヒントを与えてくれるだろう。さらに教師である私たちにとっては、学生の現実を知ると同時に、大学教育の課題を拾い、今後の大学のあり方を模索することに役立つだろう。

タイトル「ケルン」に託すもの

「大学生活サポートプロジェクト」は、『ケルン』シリーズとして結実していく。このシリーズの本のタイトルとして、「ケルン」を選んだのには、私のある願いがあった。

登山道を歩きながら道のそこここに積まれた石の山を目にしたことはないだろうか。そう、登山道の目印として積まれた石、それがケルンである。雪が積もったり、霧で先がみえにくくなってトレイルがわかりにくくなったりしたとき、歩く道標となる。先に道を歩いた人たちが、後からくる人たちに贈る無言の励ましでもある。

ケルンに石は積まれ続ける。ケルンに人は石を積み続ける。登山者のエチケット、暗黙のルールでもある。後から歩いてきた人が石をおくと運がよくなるともいわれ、その行為を励ましている。

本のタイトルを「ケルン」としたのは、この試みが、ケルンと同じように後に続く人たちの道標となって励まし、さらに本人にも幸運をもたらすことを願ったからである。

道行に慣れない間は、歩くのもなかなか大変である。最初にペースをあげすぎて、ケルンのあるところにたどり着く前に息切れしてしまうことも少なくない。道に迷って方向を見失ったり、天気の急変に翻弄されたり、足を滑らしてケガを負ったり、熊や蜂に襲われたりと、なにかと危険が忍び寄る。少し慣れてくると、また危ない。なめてかかり、痛い目に遭うことが少なくない。

キャンパス・ライフもこれに似ている。はじめは、ケルンを目指すだけだったのが、ケルンにたどり着き、自分でも石を積みはじめる。慣れるにしたがって、難易度をあげ、距離や高さを求めはじめる。目的地にたどり着いた後は、別のコースに挑戦する人もいれば、新たなコースを開拓する人もいるだろう。

いずれにせよ、すべては第一歩からはじまる。とりあえず、キャンパスの入口に立つことである。こうして生まれたのが、『ケルン』（二〇〇三）である。

【特別完全版】の発刊に

『ケルン』を二〇〇三年三月に発刊するや否や、これを新入生に読んでもらえたら、また学生の実像を知るために教師にも配布してほしいという要望がでた。

これらの声を受け、二〇〇三年五月、新たに各エッセイに対する「大学内の友達三名と大学院生一名のコメント」を追録し、内容の充実度を高めた【特別完全版】を発刊した。

以下は、その一例である。なお、氏名は、【自己PR】欄のふりがなとともに、イニシャルで表記している。


T・H（20）文学部人間関係学科2000年度入学

「穴のなかにいた私」

2000年春、甲南女子大学に入学。私は、そのことを「人生の汚点」と思っていた。「入学おめでとう。君たちの学生生活を甲南女子大学で満喫してください」という学長の挨拶がイヤ味に聞こえた。そう、私は本命大学に落ちて、この大学にやってきたのだ。

新入生たちがみんな輝いてみえた。この大学特有の「お嬢」といわれる煌びやかな人たちをみて、ここで4年もすごすとは考えられず、他の大学に入学し直そうという思いにかられていた。

「こんな大学でまともな勉強ができるはずがない。自分にとってなにもプラスになるものはない…」と思うなかで、入学式がおわった。なんて愚かな発想なのだろう。私は、「学歴社会」という価値観のなかでしか生きられない女だった。「偏差値の低い＝人間性のない」といった決めつけ。実に愚かだった。

私は忘れていた。自分もその一員なのだということを。もしここにいる人たちが当時の私の考えでいう「負け組」なら、自分も「負け組」なのだ。そう、私は受験という大きな人生の壁に負けたのだ。それを認めるしかないことがきっと自分でもわかっていたのだろう。しかし、私は認めなかった。認めたくなかった。

今の私は、入学のころとはまったく違う考えをもっている。大学に入り、さまざまな人と出会えたおかげで、私の人生は大きく変わった。あのころは、まだそのことを知るよしもなかった。

「言葉にできない宝物」

大学に入って3年。着実に就職という、人生で最大の壁に向かって走っている。私は、「宝物」ともいえるこの大学生活をどう言葉にして伝えるか悩んでいた。

「学歴社会」、それが入学前に私がもっていた価値観だった。いい大学やいい会社に入ることが幸せなのだと思っていた。今は思っていないかといえば、嘘になる。しかし、明らかに私が変わったのは、サークル活動での日々があったからだ。サークルには、いろんな種類の人間がいた。みんなとの生活は楽しかった。ある日、私のとった行動が問題を起こしてしまった。私なりに考えた末の行動だったが、サークルに居づらくなってしまった。それまではなんでもハキハキいって盛りあげていた私が、みんなに嫌われないよう恐る恐る顔色をみる日々。みんなの態度も、明らかに以前と違うように感じた。

ある日、サークル内の2人の男が私に話があるといってきた。私は、悪い方へ悪い方へと考え、サークルをやめろといわれると思っていた。しかし、彼らは違った。私が自分のだした結論に自信をもたず、みんなから逃げるように自分を隠すことが許せないといわれた。「お前はお前らしくしていればいい。だれもお前を嫌ったりしない。けど、お前が今逃げていることがイヤだ」と聞き、私はこの友人たちに出会えたことに感謝して、そして泣いた。今までの自分が恥ずかしくて泣いた。

自分に自信をもつ。難しいことだけれど、彼らは私を認めてくれていた。サークルという場で学んだことをバネにして、今私は前向きに就活にとりくんでいる。

【自己PR】

T・H　大阪育ちの負けず嫌い。他人に教えてもらったこと数知れず。将来は、大阪一のおばちゃんになりたいです。

T・Hさんへのコメントの実際

＊価値観が変わるということは人生が変わることだと思った。要は、自分次第なのかもしれない。

＊私にもよい友達がいます。周囲の人が与える影響って、人生のなかでとても大きなものですね。自分もよい方向に変われてよかったと思います。

＊私も大学入学〝負け組〟です。ここまでは考えませんでしたが、つらかったです。容姿で決めてしまうことはよくないと思いながら、まわりに圧倒されました。けど、今はHさんと同様に、ここに入学してよかったと思えるようになってます。

＊人との出会いを大切にして、これからもがんばってくださいね。そして、怒ってくれた先輩の（男２人）役目を、次はあなたが担っていってください。だれかにあるきっかけをつくれるような、そんな自信をつけていってくださいね。（院生）

うか。[☆2]

『ケルン』の影響

はたして『ケルン』ならびに『ケルン【特別完全版】』は、どのように受けとめられたのだろうか。

学生たちに話を聞くと、本を読んで、自分と同じような気持ちの人がいることを確認できてホッとしたという意見や、先入観の恐ろしさを指摘する声を多く耳にした。

『ケルン【特別完全版】』に追録した、「大学内の友達と大学院生によるコメント」にも、そうした記述は少なくない。ある学生のエッセイへのコメントを紹介しよう。

「私も入学してからの印象は同じようなものだった。けど、本当にやればなんとかなるものなんだということを実感しています。私も大学生活は決して遊ぶものじゃない、遊べるものではないなと、経験上、思っています」

「私も入学したときは不安でいっぱいでした。私と同じように感じている人がいて、少し安心しました。私も得たものはたくさんあります。どれもひとりではつくれないものばかりだと思っています」

「私は、入学してから、この大学はお嬢様学校だと何回もいわれたことがあります。お金持ちやろとかもよくいわれて、本当に先入観というのはすごいなと感じています。でも、実際南女の中身を知っているのも私であって、経験しているのも私であって、お嬢様もいるし、そうでない子もいる。いろんな子がいて当然の大学だと思うので、本当のことを友達に伝えたいと思います」

「きちんと自分をもっている感じがしました。とても意味のある学生生活を送れたからであると思います（院生）」

☆2 『ケルン【特別完全版】』の新入生への配布から一ヵ月ほど経過した二〇〇三年六月下旬、人間科学部人間教育学科の一年生から三年生までの二八〇名全員に、大学教育の実態調査を実施した。回収数は一六一名で、回収率は五七・五％である。

その調査の一項目として、『ケルン』あるいは『ケルン【特別完全版】』の配布を受けた学生一〇五名に、『ケルン』を読んでなにか得るものがあったかを尋ねた。結果は、六九名（六五・七％）の学生が得るものがあったと答えている。

ちなみに、『ケルン【特別完全版】』を読んでない二九名の学生をはずした七六名あたりで計算し直すと、実に九〇・一％の学生が得るものがあったと答えている。とくに新入生はキャンパス・ライフへの期待と不安が渦巻くなか、こうした学生の実像に迫るエッセイは、生きる指針を与えてくれる心強い味方となったようである。

先入観は恐ろしい

「キャンパス・ライフは、ダイナミックだ」。これは、学生のエッセイ集、とくに【特別完全版】を読みおえての私の感想である。

それをイメージ的に語ると、こんな感じになる。自分が少し変わりはじめると、自分がどんどん変わっていく。だれかが少し変わりはじめると、まわりがどんどん変わっていく。まわりが少し変わりはじめると、キャンパス全体がどんどん変わっていく…。ひとりの動きは、波紋のように周囲に影響を及ぼしていく。

ということは、大切なのは、ひとりがまず「変わろう」と決心することなのかもしれない。

では、変われない理由はどこにあるのだろうか。そのひとつに先入観（偏見）がある。

先入観は恐ろしい。それが真実であるかどうかにおかまいなく、その人の人生を左右していく。

たとえば、「大学」にまつわるイメージ、「南女」にまつわるイメージ、「南女生」にまつわるイメージ、その一つひとつがその人のキャンパス・ライフのアメニティを変えていく。

すでに現在の「大学」はかつての「大学」ではないし、現在の「南女」はかつての「南女」ではないし、現在の「南女生」はかつての「南女生」ではない。でも、かつてそこにいなかった現在の学生には、かつてのそれを実感することはなかなかできない。

島田ゼミでは、興味がある学生には、卒論で「甲南女子学園史」の断面に光をあてる試みを勧めている。というのも、「南女」あるいは「南女生」という言葉を耳にしたときの、人々の反応の由縁を知りたいと思っている学生が少なくないからである。

近年、大学創立からの流れをたどる「自校史」を教える大学が増えている。明治大学、九州大学、京都大学、立教大学、名古屋大学、広島大学、立命館大学など、歴史ある大学が続く。

学生がその大学に入ったのはたまたまのことであり、そこで学ぶ目標も定かではない。「自校史」が流行るのは、「自校史」を学ぶことで、伝統や校風を改めて知ることで、自信や誇りをもたせ、本人に存在意義を与えようとしているからである。

とはいえ、逆にいえば、「自校」のアイデンティティー・ロストに悩んでいる大学が多いということにもなる。「自校史」を学ぶことで、本当に自信や誇りをもたせ、本人に存在意義を与えることになるかどうかは疑わしい。

ただ学生たちに話を聞くと、ほとんどの学生が「そんな授業があるなら、自分も受けたい」という。学生ばかりか、おそらく最近大学に赴任した教職員とて、同様の心境だろう。少なくとも、私は知りたい。

素の自分

というのも、「島田先生は、南女の先生らしくない」と、学生に笑顔でよくいわれるからである。このフレーズの後に、「先生のキャラ、濃い～よね。好きな人も多いけど、嫌いな人もいると思うよ。もちろん、私たちは好きだから、こうやって先生と話してんの」と続くことも少なくない。

話をよくよく聞くと、「島田先生は、他の先生となにかが違う。それがなにかはよくわからないけど、みんな感じている」ということらしい。それが、学生の腑に落ちる表現として、先のフレーズがでてくるらしいのだ。

とはいえ、「南女の先生」という部分を、「過去に勤務した大学名の先生」としても、「在学した学校名の生徒」としても、あるいは「私の出身地である島根県出身の人」としてもいいのだが、さまざまなヴァリエーションでもって、私が生まれてこのかた、人びとからいわれてきたフレーズである。

もうひとつ、「島田は、ずっと昔からここにいるような気がする」というフレーズも、なにかの折によくいわれる。それなりにその場にとけこんでいるということだろう。ということは、私が「らしくない」ことで浮いているというわけではなさそうである。

自分では、なかなかおもしろいことだと思っている。私が「らしくない」ようにみえるのは、その歴史を知らないからかどうかはわからない。おそらく、いつどこにいても自分にできることを一生懸命していて、相手によって変わる自分ではなく、「素の自分」が折々にでているからではないだろうか。

それが私とかかわる人に、驚きや憧れ?ばかりでなく、不安や怖れ?をもたらしているのだろう。きっとそれは、「らしくない」と思う人が自分を生きていないから感じることではないだろうか。裏をかえせば、「らしさ」を身につけることによって組織への帰属感を高め、自己の存在意義をみいだしているのだろう。

キャラの苦しみ

そんな人の反応には、共通点が多い。どこか自分を生きていないという負い目?があり、そんな自分のマイナスのエネルギーを、形を変えて他者にぶつけ、気晴らしをしがちである。自分のことは棚にあげ、自分と同じようには生きていないことに嫉妬心や妬みの気持ちを勝手にもち、ケンカを売ったり、悪口をいったりしやすい。

そういえば、これはどこかでみた風景に似ている。そう、いわゆる「いい子」が自分の本当の気持ちを押し殺して、周囲の期待にこたえようとして自滅していくパターンのそれにそっくりである。

これは、「いい子」キャラだけの問題ではない。最近の学生が「キャラ」を生きることで居場所を確保しようとするときによくみられるパターンでもある。「個性」が強調される時代、「自分らしさ」というキャラを生かすよりも、お互いのキャラがかぶらないようにする姿はどこか痛ましい。「自分らしさ」は磨きあげた上で発揮されるものだから、あれば強くだせる。しかし、それほどの努力はしたことがないので、あるキャラを演ずることになりがちである。

「天然ボケ」は憧れのキャラだが、これを演ずるのは難しい。このため、無難に自分らしくない「飾った自分」を生きている。「素の自分」をだすと、弱みをにぎられることにつながり、それはやがてイジメに変わっていくのではないかと怖れる。自分を守るために、嫌われないようにするために「別の自分」をつくる生き方は、自閉的思考や行動を生み、自分を見失っていく。「無語」や

「避語」が生まれる由縁である。
私はといえば、そんな時間があれば、もっとクリエイティブなことに使いたいものだと思うことしきりだし、実際にそうするだろう。

「らしさ」のメリットと限界

とはいえ、用意された？「らしさ」を身につけることには、メリットも多い。自分の存在意義を与えられることによって自己肯定感が高まれば、他者の足を引っぱることはアホくさくなって、やってられなくなるだろう。これは、居場所がみつかること、居場所を確保できることにつながる。自分のポジションができる。社会にある穴のひとつを埋めることができる。

そして、その先に他者を介在しない自己肯定感をもつことができれば、用意された「らしさ」を卒業し、自分が自分に存在意義を与えることのできる「自分らしさ」をもち、「あるがままの自分」（決して、「わがままな自分」ではない）でいられるようになるだろう。他者の足を引っぱることを生きがいとすることが収まれば、他者を生かすことができるようになる。ここには、「共生の世界」が広がっている。

また、「飾った自分」の落とし穴に落ちないようにするには、自分の居場所を居心地よくする試みが必要である。キャラによって得た居場所は、学生がよくいう「居場所はあるけど、居心地はよくない」場所にすぎない。

友達からコメントをもらうことがもたらすもの

今回、エッセイを書きあげた後、大学内の友達三名に原稿を読んでもらい、コメントをもらうように指示した。学生にとって、これはドキドキ体験となったに違いない。

新年早々の授業終了時に提出してもらった授業評価には、他者に読まれることを前提としたエッセイづくりということで、何度も書き直し、苦慮した様子が綴られていた。

「今回のエッセイ・レポートは、本当にてこずりました。自分のことだし、簡単に書けるわと思っていたけど、いざ書こうとすると、ぜんぜん書けない。他人がみるかもしれないレポートに、どこまで自分の本音を書けるのか。これはかなり勇気のいることでした。バカみたいに自分をさらけだすのもどうかだし、自分をつくって書くのはイヤだし…と悩みまくっていたら、結局二回書き直すことになってしまいました。でも、自分的には満足です（時間かかったけど）。自分の本音をレポートにするって邪道ではないかという意見があったって聞いて、笑えました。私も友達と似たようなコトをいっていたので。ださざるを得ない状況、しかも自分の痛いところをほりだす。かなりきつかったけど、過去の自分を見直せて、今はやってよかったと思えるから不思議」

（二〇〇三年一月二〇日分の授業評価より）

ここでは、ちょっといいカッコしいをしてしまったことや、いいきっかけだと割りきって自分のことを書いたことなどが紹介されている。

そんな自分語りに触れた学生のコメントには、今まで知らなかった友達の側面に驚きを示すばかりでなく、友達をより深く知るきっかけになったことを素直に喜んでいる様子が綴られていた。


「今回のレポートで思ったこと。友達に読まれると思って、ちょっとかっこよく書いてしまったかも。でも、友達の（レポート）を読むと、本心かしらと思われるような深いところまで書いてあり、読んでいる方がちょっと感想になにを書こうか迷ってしまったものもある。友達の意外な一面がみれたかも。三年目にして、ちょっと今までとは違う目でみれるきっかけになったかもしれない」

（二〇〇三年一月二〇日分の授業評価より）


この本づくりをきっかけに、キャラによるコミュニケーションでは得られなかったものが得られたに違いない。つまり、内面同士がぶつかりあう素の会話である。

これまでの居場所の質も変わっていくだろう。なにせ「人の素顔」をみることができたのだから。それも、相手にどう読まれるかという不安を乗りこえて書かれたものだから。ここには、「勇気」や「希望」という、いつもならちょっと恥ずかしくなるような言葉で表したくなるようななにかがある。

「今回（のエッセイ・レポートで）、私は成長した。（就職活動のための）自己PR文で、とても悩んでいたことさえバカらしく思えた。私らしさとは、そういうところなんだ。学生時代は宝物。その気持ちは偉大な名誉あることでなくてもよいのだ。私は私。それが真実だ」

（二〇〇三年一月二〇日分の授業評価より）

多様な他者に読まれることへの学生の反応

また、本にまとめるということで、友達だけでなく、多数の人に読んでもらえるからこそ、自分の「素」をだそうと決心した学生もいる。

「どう書いていいか悩みはしましたが、日ごろ知りあうことのない人に自分の存在を知ってもらえる機会もあると思うと、こんなヤツも生きてんだぞ♪とワクワクして書けました。楽しかったです」

（二〇〇三年一月二七日分の授業評価より）

ここでは、そのエンジョイぶりを伝えてくれている。

この学生は、後日談として次のようなエピソードを伝えてくれた。文章がやや長く、内容がボカして書いてあり、一気に書かれているためわかりにくいところもあるが、いわんとするところはだいたいわかるので、紹介しよう。

「実は、あれを書いたおかげでひとつ得たものがあり、これを知れたことに自分で感動したんで書きます。後日（エッセイを提出した後に）、私の男友達にEメールで送り、読ませて感想を聞いたところ、予想通り、実に最悪な返事がかえってきました。あれは、あくまでも『学校での私』と『友達にみせている私』の不一致が原因のような気もしました。それからもうひとつ、自分でも雑な言葉遣いと恥ずかしい生活のさま（素の自分）を書いていると思いました。でも、それは、私を知らない人が読めば、『なぜこいつはこんな恥ずかしいことを書けるのか』と思うでしょうが、それでその文のなかの〝私〟が悪い印象をもたれても、その人は現実に生きている私を知りません。だから、余計安心して、赤裸々に書けるわけなんです。自論ですが、その前提として、不特定多数の人間が読んだとしても、その人々に会う可能性、また会ったとしても覚えていることはないだろうと思っているということがあります。だから、友人から受けたヒドイ感想もまた『ごもっとも』というわけなんです。『いまだ会わない多数の人びとに自分の悪印象をつける必要はない』というわけで。長々と書きましたが、私が感動したことというのは、本当の私の生活を知ってる人と知らない人それぞれが私の抱く＋と－の感想を受けいれるチャンスがあったことです」

（二〇〇三年二月三日分の授業評価より）

ここには、「共生の世界」がどのようにひらかれていくかが示されている。自己完結型ではなく、オープン・マインド型のエッセイづくりがもたらすものがあるとすれば、こんなことではないだろうか。

この意味で、「自分史」や「自校史」は、素敵な自分になれるきっかけを与えてくれる。さらに、「共生の世界」の築き方のヒントがある。

「自分史」や「自校史」が望まれるのは、自分の存在意義や人と人とのつながりがみえにくくなった時代の課題といえるのかもしれない。

「日常破る「カンサイ・ショック」」

二〇〇二年三月二十九日の朝、曇り空に覆われた阪神甲子園球場に、第七十四回選抜高校野球大会「二十一世紀枠」の一校として、わが母校である島根県立松江北高校が登場した。

「オイオイ、関西おもしろ文化考というのに、なんの話だ」と思った人は少なくないだろう。実は、生粋の関西人ではない私にとって、関西との意識的な出会いは高校野球にはじまる。

島根県代表は弱い。甲子園では、早々に敗れ去ってしまう。楽しみはあっという間におわり、後は関西勢がのしあがっていく勇姿にテレビに釘付けになっていた。「関西は強い」が焼きついた。

次の関西ショックは、大学に入学してからである。クラスメイトと食事にいき、いよいよ支払いとなった。とある関西出身の友人が突然、「よっ、サンキュ！　おごってくれて」と背中越しに声をかけてきた。驚く私の脇をすり抜けて、入り口のドアにもう手が届かんばかり。フイのことで虚をつかれながらも、「そんなん知らんぞ」と背中を追っかけると、「そうだったっけ」ととぼける始末。「自分のは払ってけよ」というと、ソイツはニカッと笑って曰く、「いってみて、おごってくれたら、ラッキーやん」と。今まで出会ったことのないキャラに当惑しつつ、少しずつ世界が広がっていった。「関西はしたたか」と知った。

そんな憧れや驚きをくれた関西に移り住んで早十五年。関西の大学に就職してからは、いつか母校が甲子園に出場したら応援にいきたいものだと思っていたが、それは夢物語だと諦めていた。その夢が思いがけない形で叶った甲子園で耳にしたのは、「この高校、ギャルがおらんね」「そうね」という売り子の声だった。改めて、「自分のルーツ」を知らされた一瞬だった。

文化の違いは、こんなふうに日常を破る形で私を襲ってくる。

（『読売新聞』二〇〇二年一二月一一日付け夕刊、大阪本社版）

5

痛みを力に　傷つくことだって重要

プロジェクトⅣ
学校生活回顧プロジェクト「運動会」
（二〇〇三年度前期）

読む方も読まれる方も

自分史エッセイを書こうというと、「人の書いたエッセイは読みたいけど、自分のエッセイが読まれるのはどう思われるかわからないからイヤだ」という反応がよくでてくる。自分が他者に受けいれられるかどうか不安になるのだろう。自分にとってイヤな反応を避けるため、「人は人、自分は自分」と開き直る学生は少なくない。自分なりに満足し、納得できればそれでいいのだろうか。しかし、いくら自分の気にいらない他者を切ろうとしても、そうなかなかできるものではない。人は、人との関係のなかでしか生きられない。だれか他者との関係において、また関係を通して、自己というアイデンティティーは現実化される。

ところで、エッセイを書きはじめたある学生は、こんなふうに語ってくれた。

「なにをやっても、なにをみても、どんな経験をしても、まだ足りない気がする。人と比べてもそうだけど、自分のなかでいつもまだまだ足りないと思うことがある。なにごとにも自分を律する気持ちが弱いのだけど、どこから手をつけていいのかわからない…。きっかけは忘れてしまったけど、あるときを境に少しずつ自分のなかのドロドロした気持ちから逃げるのではなく、つきあうことができるようになった。すごく遅い成長かなと思うのだが、もっと向きあっていけば、またなにかみえてくるものがあるのかなと思う」

自分史エッセイの試みは、学生にどこか満たされない思いを吐露させるきっかけとなったようである。彼女が紡ぎだす物語に、彼女の友達はどういう反応をかえすのだろうか。読む方も読まれる方も、それによって新たな自己発見と他者発見があるに違いない。

（二〇〇二年一一月二五日分の授業評価より）

傷つく大切さ――「運動会」をテーマに選んだ理由

こんな学生をみていて、以前から気になっていた「傷つきたくないし、傷つけたくない」心理がもたらす、人間関係ばなれについて考える必要を感じた。

人の書いたエッセイは読みたいけど、自分の分は人に読まれたくない。読まれることで、なにを思われるかわからないし、傷つきたくない。でも、書いたエッセイに、匿名でなく実名で反応をもらうと悪い感じはしない。それどころか、共感されたり意見をもらえたりしてうれしくなる。苦しんだり傷ついたりした体験は自分にとって、お金といった「有形の財」ではなく、心を育てる「無形の財」になる。エッセイ集づくりで、このサイクルをしっかりと体験できないか。

浮かんだアイデアは、「競争のない運動会」が増えつつある現状をどう考えるかである。徒競走で順位をつけると大人が考える以上に子どもは傷つくからやめようとか、組体操や騎馬戦はケガするからやめようといった、学校現場の動きが気になった。

学生と話をすると、「大人の心配のしすぎで過保護になって、運動会がおもしろくなくなり、自己成長するチャンスがつまれがちでつまらない」という反応が大半を占めた。子どものためにしたことが、必ずしも子どものためになってないねじれ。これは、いったいどういうことだろう。

一九九〇年代後半、「徒競走で順位をつけると、ビリの方になった子が傷つく」「騎馬戦や棒倒し、人間ピラミッドなどは危険」といった理由で、さまざまな競技が学校から消えていった。近年、「それではマズイのではないか」「その方面で個性のある子はどうなるんだ」といった声を受け、復活しつつある。

この波をもろにかぶった学生たちにとって、はたして運動会や体育祭はどんなものだったのか。そこで、二〇〇三年度前期は、「小中高の運動会」をテーマにエッセイづくりに挑戦してもらった。キーワードは、「傷つくこと」「自己実現」「個性発揮」などである。「競争のない運動会」を実際に体験した学生の声を聞いて、運動会のあり方を再考するきっかけになればと考えた。

この授業実践にとりくんだのは、三大学の四つの授業である。☆1

☆1 〈授業の概略〉

プロジェクトを実施した授業は、三大学の四つの授業である。甲南女子大学では、一年生対象の「自分の探求」と、三年生対象の「教育社会学A」。島根県立大学では、八月上旬に夏期集中講義として四日間開講した「教育方法論」。島根大学では、八月下旬に夏期集中講義として四日間開講した「特別活動指導論」。

「自分の探求」では、第一週目に合同オリエンテーションをした。以後の授業では、二名の教師が五〇名ばかりの学生を六週ずつ交代で受けもった。

前半クラスの授業では、第一回目はイントロダクションで、『耳をすます』を配布し、レクチャー。続いて自己紹介や他者紹介、さらに運動会についてトーク。第二回目は『耳をすます』の読書会、第三回目はエッセイの添削開始、第四回目は学生同士で読みあわせ、第五回目はエッセイの添削、第六回目はエッセイの完成である。後半クラスの授業は、第一回目のイントロダクションで、『耳をすます』を配布し、エッセイづくりについて説明し、レクチャー。続いて自己紹介や他者紹介をしあった後、次節で説明する「自分史作成サポートアンケート」を配布し、完成したものを提出。第二回目は自分とはなにか・自己分析とはなにかについてのトーク、残り四回の授業は前半クラスと同じ展開にした（最終受講者数は前半クラス四〇名、後半クラス四一名、合計八一名）。

「教育社会学A」では、六月中旬にエッセイの課題説明と自分史作成サポートアンケートを配布し、翌週にはエッセイの仮原稿と、自分史作成サポートアンケートに記入したものを提出。そのまた翌週の七月の頭には添削原稿を返却し、課題をだしてから四週間後になる、さらにまた翌週に完成原稿を提出（最終受講者数九〇名）。

「教育方法論」では、集中講義四日間の、初日午後に自分史作成サポートアンケートとエッセイづくりについて簡単に説明。二日目午後最後の授業中に、自分史作成サポートアンケートへの記入とエッセイの作成（二五分）。三日目午前は、前日からの作業を続行（一八〇分）。三日目午後のラストにピアレヴューと添削（七〇分）。最終日午前に、もう一度ピアレヴューと添削を受けて、一気に書きあげ（一三五分）、自分史作成サポートアンケートと同時に提出（最終受講者数九名）。

「特別活動指導論」では、集中講義四日間の、初日午後すぐに、自分史作成サポートアンケートに記入し（六〇分）、続いてエッセイづくりの説明（二〇分）。三日目午後のラストに、ピアレヴューと島田の机間巡視による相談受けつけを実施（四〇分）。最終日終了時に、エッセイと自分史作成サポートアンケートの完成したものを提出（最終受講者数八二名）。

なお、エッセイの字数は、六八〇字あまり。

「自分史作成サポートアンケート」の誕生

ところで、一年生を対象にした「自分の探求」の前半クラスの授業で、いくつか問題が発生した。ひとつは、運動会のことをなかなか思いだせない学生がいたことである。授業では、エッセイを書く前に、それぞれの思い出を三〜四人のグループになって話しあう機会を設けた。運動会で燃えた記憶がある学生は、そのときの熱気を思いだしてしゃべりだし、なかなかとまらない。エピソード的なことを思いだせない学生はただただ圧倒され、言葉を飲みこむばかりだった。エッセイにしていく段になっても、なかなか書く内容がみつからない学生には、とりあえず思いだすことがあったらなんでもいいからどんどん書きだすようにアドバイスした。

もうひとつは、傷つくことに関連してエッセイを書くことが意外と難しかった。傷つくことへの大人の心配をよそに、それぞれ運動会をエンジョイしていた。とりたての記憶がない学生もいた。なさの中味は多様で、とくになんということがなかったり、無理やりなにもなかったことにしたり、いい意味でイヤなことはすぐ忘れたりしていた。忘れようとしていたのに思いだしたくないことを思いだした学生の場合、それを他の学生に話したり書いたりすることでスッキリした学生もいれば、当時のことを思いだしたことで改めてイヤな思いをしていた学生もいた。傷つくということをとり扱う難しさを感じた。どうやら私の思いいれが強すぎ、先走ってしまったようである。そこで、書くにあたり、傷つくことはとくに気にしなくていいことにした。

「運動会に関するアンケート調査」(記名欄・回答欄は削除)

甲南女子大学:島田博司

この調査は、エッセイづくりをサポートするために実施されるものです。なお、本アンケートの結果があなたの個人の成績や判定に使用されることはありません。以下の欄をご記入の上、各質問事項にお答えください。

Q1. 印象に残っている種目やだしものはなんですか。小中高別に、男女共学か別学かを記入の上、あげてください。理由も簡単に書いてください。転校している場合は、印象に残っているものを体験した学校が共学か別学かで判断してください。

1)小学校(男女共学・男女別学):種目名
　　理由:
2)中学校(男女共学・男女別学):種目名
　　理由:
3)高校(男女共学・男女別学):種目名
　　理由:

【種目例】
徒競走〜50m走、100m走、200m走、400m走、800m走、障害物競走(縄跳び、ハシゴくぐり、飛び箱、平均台、フラフープ、大玉送り、ネットくぐり、ハードル跳び)、借りもの競争、ムカデ競争、パン食い競争
リレー〜クラス対抗リレー、クラブ対抗リレー、スウェーデンリレー
力技系〜棒倒し、騎馬戦、組体操(人間ピラミッドなど)、綱引き
演舞系〜応援合戦、仮装行列、創作ダンス、マスゲーム
儀　式〜入場行進、開会式、閉会式(表彰式)
その他〜玉入れ、竹登り、デコレーションなど

Q2. みんなのみている前で個人的な差をつけるのはよくないとか、負ける(ビリやブービー)と子どもが傷つくということで、徒競走で順位をつけなかったり、徒競走を廃止する動きがあります。このことについて、あなたはどう考えますか。

Q3. 子どもの運動能力が低下してケガをしやすくなったことや、ケガをするとすぐ教育委員会などに苦情がでるということで、棒倒しや騎馬戦、組体操などをやめる学校が多くなっています。このことについて、あなたはどう考えますか。

Q4. 運動会・体育祭について、意見や感想などを自由に書いてください。

図3　自分史作成サポートアンケート

このつまずきを生かし、後半クラスの授業では、アンケート形式で記入する「自分史作成サポートアンケート」を配布した（図3）。これに答えていくうちに、いつのまにか自分史の骨格ができあがる。まず、運動会の実態を思いだすための手がかりとしてさまざまな種目名をリストアップし、それらを参照しながら小中高別に印象に残ったものを拾ってもらった。続いて、傷つくことやケガとどのように向きあってきたかというように場面を絞り、記憶を呼び起こしてもらった。結果は、上々だった。

マニュアル「エッセイを書く際のポイント」の誕生

これまで、個人研究レポート集づくりをしたり、自分史エッセイ集づくりをする際、教育的指導として、エッセイのタイトル変更をはじめ、文章も読みやすくするために表現に手を加えたり、字句の統一を図っている。こうした修正や訂正を行うことを学生には事前連絡し、その教育的意味を口頭で説明してきた。

しかし、「自分の探求」の前半クラスで、ある学生が添削されることに強い不満があり、面と向かっては口にしなかったが、最終回の授業評価用紙にて、「（添削されると、文章に）個性がなくなる」と述べていた。

私も大学院時代、指導教官に赤をいれられることにかなり抵抗があった方なので、その気持ちはよく理解できた。しかし、その後、赤の意味をかみしめたものである。

そこで、後半クラスからは、添削ポイントとして頻出する項目について口頭で示し、メモをとるように指示し、意図を理解してもらうよう努めた。しかし、ノートとりに慣れておらず、説明も右の耳から左の耳に抜けるだけの学生もいて、同じことを何度も説明しなくてはならなかった。

三年生対象の「教育社会学A」では、学生が完成原稿を提出した授業で、「エッセイ添削の意味」についてOHPを使いながらポイントを説明した。しかし、説明日が完成原稿提出日と重なったので、学生自身が自分の原稿に手をいれることができなかった。

島根県立大学での「教育方法論」では、集中講義二日目に、マニュアル「エッセイを書く際のポイント」を印刷して配布し、自己チェックとピアレヴューするときに役立ててもらった。これで、エッセイづくりはとてもスムーズに進んだ。

島根大学の「特別活動指導論」では、集中講義初日にマニュアル「エッセイを書く際のポイント」を配布し、エッセイ作成当初から注意してもらった。初日配布にあたっては、躊躇するところもあった。エッセイを書きだす前に注意事項を並べては、プレッシャーがかかって書きにくくなる心配があった。しかし、受講生が多くて個別指導できないし、集中講義のため添削する時間もないことを考えて、初日配布を決めた。私の心配をよそに、学生は適当にやっているようだった。理科系の学生対象の授業ということもあるのか、国立大学の学生ということもあるのか、昨年度にエッセイづくりしたときも感じたのだが、文章を書き慣れており、心配は杞憂におわった。ただ、手抜きの激しい、いわゆる要領のいい学生もおり、文章の出来不出来の差は大きかった。

もちろん、正しいエッセイの書き方があるというわけではない。今回は、島田スタイルで統一している。

マニュアル「エッセイを書く際のポイント」の実際

ここまで書くと、そのマニュアルがどんなものか気になる人も多いだろう。マニュアル「エッセイを書く際のポイント」は、一五項目からなる。

●エッセイを書く際のポイント●

①単文で書く
②書き言葉で書く
③大きなところから書きはじめ、細部にいたる
④時間の経過に沿って書く
⑤主語を短くする（形容詞句を使わない）
⑥文章は一度でおわる（〜であるのであるといった表現は×）
⑦強調表現を多用しない（「!」、「?」、体言止め）
⑧「思う」「感じる」をできるだけ使わない（文末を日本的なあいまい表現にしない）

⑨接続詞を少なくする
⑩代名詞をできるだけ使わない
⑪はじめて読む人がわかるように書く
⑫文章を読みやすくするためにひらがな使いを工夫し、多用する
⑬「 」を適宜使用する
⑭字数を節約できる表現にする
⑮タイトルを工夫する

といっても、端的な表現なので、補足説明を簡単にする必要があるだろう。

①**単文で書く**　これは、できるだけ単文で書くという意味である。複文になると、文章の論理性がみえにくくなりがちである。読みを読者に委ねる分、読むのに手間どる。文章のスピード感がなくなり、時代にそぐわない。

②**書き言葉で書く**　学生の文章では、話し言葉やメール用の文章が頻発する。仲間内のやりとりなら、それもいい。しかし、第三者が読むことを想定すれば、それはまずい。

③**大きなところから書きはじめ、細部にいたる**　たとえば、好きなものをいくつか紹介するとし

よう。これをダラダラやられると、話がいつおわるのかとイライラしてくる。話に「これから、好きなものについて三つ話します」という導入があれば、これは解消する。

④時間の経過に沿って書く　話が前後すると、流れがわかりにくくなる。そればかりか、余計な字数を要してしまう。エッセイのような短い文章表現には向かない。これは、①単文で書くに通じる。

⑤主語を短くする（形容詞句を使わない）　主語のなかに文章がもうひとつあるような書き方をされると、話の頭が重くなる。

⑥文章は一度でおわる（〜であるのであるといった表現は×）　エッセイは、字数がかぎられる。「のである」は、たった四文字かもしれない。しかし、この四文字をはずすことで表現の可能性が広がっていく。使うなら、話の締めに一回かな。

⑦強調表現を多用しない（「!」、「?」、体言止め）　短い文章に強調表現が多いと、結局なにも強調されないのと同じである。

⑧「思う」「感じる」をできるだけ使わない（文末を日本的なあいまい表現にしない）　この表現を使いだすと、ついつい連発してしまう。文章表現に自信がないとき、ごまかすために使われたりする。

⑨接続詞を少なくする　日本語は、接続詞がなくてもわかる。文章がうまくつながらないとき、「そして」「また」「しかし」が連発される。その結果、意味不明になっていく。

⑩代名詞をできるだけ使わない　「それ」を指すものが書いた本人しかわからないことが多い。場合によったら、書いた本人にもわからない。

⑪はじめて読む人がわかるように書く　それを使わないと臨場感がでない言葉に、若者用語や隠語などがある。だけど、グループ外の人にはまったく通じない。

⑫文章を読みやすくするためにひらがな使いを工夫し、多用する　パソコンが普及し、漢字変換が多くなった。しかし、漢字表記は重くなりがちである。注目を集める部分でないなら、避けたい表現は少なくない。教養のあるところをみせつけるより、大事なことがある。なによりもまず読んでもらうことを忘れてはならない。

⑬「　」を適宜使用する　地の文が続いていると、読みにくい。ただし、「　」が続く文章もうっとうしい。「　」表記は、適宜使いたい。

⑭字数を節約できる表現にする　「という」「ということ」などの表現は、要注意である。たぶん、なくてもかまわない。

⑮タイトルを工夫する　エッセイを読みたいと思わせることが大事。誘惑する言葉を知らなければ、なかなか人は読まない。

必ずしもマニュアル通りの記述ではないが、実際に書かれたエッセイを二名分紹介しよう。なお、氏名は、【自己ＰＲ】欄のふりがなとともに、イニシャルで表記している。

S・M（23）生物資源科学部生命工学科2000年度入学

「運動会は走れ、競え」

私が通っていたのは、どこにでもある普通の小学校だった。でも、運動会はちょっと違う。じいちゃんもばあちゃんもいっしょになって燃える種目があるのだ。それが我が母校の運動会のメインイベント、地区対抗リレーである。もともと田舎の小さな町。地区（大字）の数もそう多くはない。そこで、地区にわかれて速さを競うのである。子どもも大人も走る。その日も1年の大イベントを前に、いわば町全体が緊張していた。

その年、私は5年生だった。6年生がいなかったのでリーダーになった私は、大人にバトンを渡す大役をまかされた。緊張のなか、スタートの音が鳴り、抜きつ抜かれつで私にバトンがまわってきた。8チーム中6位であった。私も現状を維持したまま大人へとバトンを渡した。順位はあげられなかったが、1つの仕事をやりおえた充実感があった。

ここからがこの種目のみどころである。普段はだらしない近所のおっちゃんがすごいスピードで走っていく。大人のすごさを思い知る瞬間。地区をあげての大声援。そして、感動（？）のゴール。結果は、順位をひとつ落として7位。アンカーがちょっと寂しそうな顔で我々の応援席に帰ってきた。しかし、だれも責めず、ヤジらず、みんなで健闘を称えあっている。大人たちのいい顔が印象的だった。
この種目、もしかしたらいまはもう行われてないかもしれない。徒競走さえない時代である。でも、運動会なのだから、全力で走ってなんぼ、競ってなんぼだと思うのである。

【自己PR】
S・M　毎年、北海道を目指してひとり旅にでるも、予算が厳しくなり、いつも信州あたりで挫折する哀れな男。寄り道の癖を直したいと切に思っている。

A・H（19）　人間科学部人間教育学科２００２年度入学

「矛盾した気持ちに揺れて」

運動会・体育祭といえば、小学生のころから「嫌いな行事」「しんどい行事」の代名詞であった。その理由は、ただ単に足が遅くて徒競走にでるのがイヤだったから。とはいえ、走っても実力がたいしたことない分、注目されることもなかったので、気楽といえば気楽だった。
それより、こういうときにだけ団体で力をあわせて行事を成し遂げようとすることに少し抵抗があった。とくに中学校では「団結力」を求める教師が多かった。私も個人競技より団体競技の方が好きだし、それには協力するということがどれほど重要なのかもよくわかる。しかし、教師のなかには少々熱くなりすぎなのではという人もいて、練習のときから厳しく、気にいらないとなんでも連帯責任にして何度でもやり直し。やりすぎなのではと感じるときがしょっちゅうあった。なかでも行進の練習は「全員足音がそろっていない！」といわれて、炎天下で何回も練習させられた。途中で具合が悪くなった子もいた。私は、軍隊でもないのにこれだけの人間が全員足並みをそろえて行進するなんて絶対無理！　そうすることにいったいどのような意味があるのかなどと、よく腹を立てていた。

そのくせ、同じ組の子に一生懸命に声援を送っていた自分もいた。応援合戦のとき、いかにもやる気がない子やふざけている子がいると、少し不愉快な気持ちになった。

いま考えると、なんて矛盾しているんだろうと思ってしまう。もしかしたら、自分も体育大会に「団結力」を求めていたのかもしれない。

【自己ＰＲ】

Ａ・Ｈ　趣味は映画観賞とフルートのはずが、最近どちらもご無沙汰気味…。なんとかしなきゃ！

型にいりて、型よりでる

「型にいりて、型よりでる」という言葉があるように、型を自分のものとして、そこからでることによって一層個性が輝く。野球のメジャーリーガーを例にだせば、「マリナーズのイチロー外野手やヤンキースの松井秀喜外野手が、なにもせずに今の自分になったわけではない」というと、わかりやすいかもしれない。

自己満足な、他者の手の入らない自己表現には限界がある。それは、自分の力不足や限界を知ることのない自分だけの居心地のいい世界にすぎない。自己表現が自己満足をこえて他者にひらかれるためには、傷つくかもしれない世界に一歩踏みだす勇気が必要になる。

他者に触れるからこそ、個性が拓かれることも多い。「自分は自分」という我の強さは、結局なにもできない自分を隠すための言い訳にすぎない。自分という個性を他者との関係のなかで試すことは、慣れると楽しくなってくる。なぜなら、自分の可能性と限界がみえることで、自分の課題がみえてくるからである。それは、自分がビッグになる、世界が広がるきっかけとなるだろう。

自分にできることとできないことを知る勇気、そして自分にできることを増やしていく、うまくできるようにしていく。他者とのかかわりのなかで、自分のスタイルを確立していく。

もちろん、現時点でかなりの程度の文章を書ける人もいる。だが、教育的意味をこめて、島田バージョンを試してもらっている。「エッセイを書く際のポイント」は、それを徹底するのにおおいに役立った。

学生との会話——傷つくことをめぐって

授業の合い間や、授業でエッセイを書きあげた後の、緊張感が緩んだときに学生と交わす会話はいつも授業だけでは見落としがちなものを運んでくる。

今回も、そんな会話が広がった。いくつか言葉を拾ってみよう。「先生、運動会でもそうだけど、自分の弱みってみせたくないんだよネ。正直でないのは確か。でも、つらいことや悔しいことをいちいち言葉にしない。まわりに、親や友達に、心配かけたくないってこともあるし、気を遣われたくないっていうか…、背伸びしたいんだよ。あのときもだし、今もかな」「傷つくことを怖がってたら、なんにもできないよ‼ 傷つくことへの心配はあるけど、心配しすぎるのはダメ！」「大人に簡単に傷つくと思われる方が傷つくっていってた子がいるって、先生紹介してたけど、共感しちゃった。私もそうだったから」「足が遅いことを恥ずかしいと思わせることがダメなんだ。短所は、欠点じゃないのに」「社会にでれば、競争って当たり前。競争から目をそむけたら、生きてけないんじゃないですか?」。

なにかをすることのプラスとマイナス、なにかをしないことのプラスとマイナス。することとしないことを天秤にかけたとき、人はどんな答えをだすのだろう。

答えのだし方は、人によって異なるのは当たり前のこと。だけど、それですましたくない。それは、失ってはじめてわかることもあるからである。

ところで、先述したように、学校行事は内容の精選を迫られており、運動会とて例外ではない。学校行事はどれもこれもこなすものとなり、規模を縮小してやる消化行事化しつつある。学校五日制導入による運動会の変化として、①子どもにすべて命令する教師主導、②保護者や地域の人がきにくい平日開催、③入場行進や応援合戦をやらない簡素化、④練習のいらない種目の採用、がある。

そうなったとしても、当日雨にでも見舞われれば、延期でなく、中止。切なくなるのは、私だけだろうか。私は、ただ感傷に浸っているだけなのだろうか。いやいやと思う。

こんなとき、いつか耳にしたある学生の言葉が甦る。「自分の言葉やしたことが人を傷つけていると自覚するくらいの感受性をもたなければいけないと思うけど、それでも無意識に傷つけていることがあると思うと、ひきこもりたくなる。でも、傷つくかもしれないということを怖れずに話さないといけないことがあるということがわかったから、今ここにいるの」。

思わず、肯いている私がそこにいる。しんどいことがあるにもかかわらず、現実に向きあっている学生をみると、別の学生の言葉がまたひっかかってくる。「順位が励みとなって、がんばれることもあるんだ。負けたからがんばれるし、おもしろいのに。がんばったから勝てるってもんじゃないけど、落ちこんでばかりいてもしょうがないんじゃない」。

負けた悔しさをバネにする向上心。「勝つより負けた方が勉強になる」と、よくいう。確かに、自分の「負い目」から目をそらさずに、それを自覚し、克服しようとする彼の話は聞いていると、私にも力がみなぎってくる。たとえ勝てなくても、そういう気持ちがもてたことは勝つことに勝るだろう。

ありがちだが、複雑な思いにからられる話もある。「運動会は、いつも適当に流してやってて、とくに思い出ってないです」。

こんな言葉を耳にすると、素の私は、「楽しいことと楽しむことの違いがわかってないのかな」って思ったりする。幼な心の部分の私は、「勝手にしたら」といっている。大人の部分の心は、「どうしてそんなふうにするようになったんだろう」と思案気にしている。教師顔の私は、「ポジティブなことだけ求めなくてもいいよ」ってサポートしようとしたり、「この子の魅力・長所はどこだろう」って探しものをしたりしている。

いろいろな声があるなかで、「そのとき、なにしてたの」って言葉をつぐ。そうすると、ちょっとした悩みがあって、運動会どころじゃなかった事情がみえてくることもある。「大人の思惑がみえてイヤだった」って話す学生もいた。

負けたことに関連して、脱力感を味わう話もある。「負けてからイジメられた。本当にイヤだった」。

負けたくらいで、全人格を否定されるような学校には私もいきたくない。人を恨んだり、ひねくれたりしたくない。そんなことやっていても、生き生きと生きられない。足をひっぱりあう関係はゴメンだ。

勝つ方にも、悩みがある。「いつもビリのヤツがうらやましかった。僕はいつもトップで、みんな当たり前と思っているから、トップをとり続けるつらさがあった。勝っても、そういうもんだとみんな思っているから、注目してくれない。しかし、ビリのヤツはなにかと気を遣ってもらってて、うらやましかった」。

これらのフレーズからは、なんであれ人に認められることの大切さに気づかされる。負けても全人格が否定されるわけでもない。トップになったらなったで、よくないことやつまらないことがあり、ビリになったらなったで、いいことやうれしいことがある。

たとえば、二〇〇〇年に開催されたシドニーオリンピックの男子水泳の一〇〇メートル自由形予選で、一生懸命泳いでおぼれそうになりながらも泳ぎぬき、ビリになった赤道ギニアのエリック・ムサンバニ選手がゴールしたら、だれよりもすごい拍手を浴びるシーンがあった。

運動会の話で意外ともりあがらないのが、トップもビリも体験しない中位の人たちの話である。「トップとビリにあるものがない」という問題がありそうである。おそらくベースにあるものは、月並みな話だが、健康とか、誠実さ、責任感、明るさといった人間的な魅力にかかわるなにかだろう。さらに、より現代的な意味では、「自分の存在感のなさ」や「自分の影の薄さ」といった、いわゆる「透明な存在」にまつわる問題にかかわるなにかがからんでいそうである。

「語る立場」になる

時間がたち、いろいろな体験をすればするほど、「人生、結局プラス・マイナス・ゼロになる」ところがみえてくる。そのような地点から運動会をみると、リアルタイムで経験したときに感じていたこととは別のことを発見する。大学生の今、小中高時代はまだ近すぎるのかもしれない。しかし、そうであっても自分の過去についてエッセイを書いていると、学生は自分が「する立場」「みる立場」だけでなく、「語る立場」にいることに気づく。

語る立場になると、「なぜ、運動会をするのか」という教育の原点、教育の根本問題が改めて顔をだしてくる。

運動会の歴史を知ると、レジャーやスポーツの視点の歴史が浅いことに気づく。小さいころからみんなが同じ種目をやらされ、点数で評価をつけられるだけでは、荻原健司氏もいうように、運動ができない子は苦手意識を植えつけられるだけでおわってしまうだろう（「スポーツの楽しみ方」『朝日新聞』二〇〇三年一〇月七日付け）。そうすると、「どんな運動会をするのか」って方法論的な問題も浮かびあがってくる。自分だけの問題ではないことがみえてくる。

語ることに着目すると、卒業文集の場合、九五％は学校行事の思い出が語られているという（野田照彦「新教育内容をどう教えるか」『日本教育新聞』二〇〇三年三月一四日付け）。宿泊行事や運動会での楽しい経験を書く子どもが圧倒的に多く、学校行事を通して自己実現できた機会が何回もあったからではないかという。

教育をどうくみたてていくのか、運動会をエッセイにして語る体験から一人ひとりが考えたことはなんだったのだろうか。

人は、楽しいことしかしたくない、自分が傷つくようなことはしたくないと考えがちである。学びの場においても、確かに学んでいて楽しくないものは、本当の意味で身につかない。確かに学んでいて傷つけ傷つくばかりでは、腰が据わらない。一方で、痛みをともなわない学びもニセモノである。痛みを糧にして学んでいく楽しさは、長いスパンでものごとをみていかないと、気づけない。

くりかえし体験した痛みを力に

最後に、エッセイ集と自分史作成サポートアンケートの結果より、みえてきたことをまとめてみたい。

かつて私は、『大学授業の生態誌（三部作）』（二〇〇一〜〇二）で、学生の生き方として一般化している「ラクに楽しく要領よく生きようとする」生き方がなにを学生にもたらしているかを実証的に考察した。授業を聞くといった学習より、友達との私語を大切にし、ノートをとるなどの努力や苦労をともなうことはしない姿が浮かびあがってきた。その後、素とキャラの研究をしたときには、友達に自分の存在を認めてもらうために、キャラを演じ、素をだせない悩みにはまっていくことがわかった。深刻になれば、不登校・ひきこもりが自分のこととなる。

運動会で、しんどいけど、要領は悪いかもしれないけど、楽しく生きた学生たちのエッセイは、努力の結果としての達成感や、自分が他者とやりとげたことへの自己肯定感と他者肯定感、他者の役に立った幸福感などに溢れ、自分を、さらに自分たちを生き生きとさせている。これは、「ラクに楽しく要領よく生きようとする」生き方の対極にある。

それを支えるのは、よくいわれることだが、①勝ち負けは、一時的なことだととらえている、②ダメなことは、運動のある部分にかぎられているととらえている、③自分に課題があるなら、過去にとらわれたり、未来を夢みたりするだけでなく、その解決に向けて努力している、といった生き方である。一言でいえば、いい意味で、楽観志向・プラス志向でものごとを考えている。傷つくことでいえば、傷つけられたことや傷の深さに心を奪われるより、ちょっとのことでは傷つかないタフさや他者の痛みを思いやるやさしさを身につけようとしている。運動会エッセイづくりは、これら教育の原点に気づく転機（仕掛け）となる。

それから、この生き方をサポートする親や先生や友達の存在も大きいことにも気づく。

ニューヨーク・ヤンキースの監督であるJ・トーリの『覇者の条件』の冒頭に、こんな言葉がある。「成功と勝利はかならずしも同じではない。―中略―。成功とは能力のかぎりにプレー（または仕事）することをさす。いっぽう、勝利はその副産物にすぎない。自分に課した最高水準をクリアすること、天賦の才を精いっぱい活かすこと、自分のなかに眠るガッツと勇気とやる気を引き出すこと、それが肝心なのであって、勝利はあとからついてくる。言い換えると、自分の能力に気づきさえすれば、客観的な意味であなたが勝利者となる確率は高くなる。努力は報われるはずだ。勝利を目指すのが悪いと言っているのではない。勝利とは旅の終わりに見つかる『宝物』である」と。「勝つことに自分のすべてを賭けてしまうことはよくない」と指摘し、「自分の能力を発揮しようとする選手にせよ、選手の能力を発揮させようとする監督にせよ、物事の優先順位をはっきりさせ」るようにアドバイスしている。

「ミスをすることに汲々としていては、できることもできなくなる」「努力を続けているなら、リスクを恐れる必要はない。報われることも多いはずだ」ともいう。傷つくことにひきつけるなら、「傷つくことに汲々としていては、できることもできなくなる」といいかえることができる。また、トーリのいうように、「頑張っているかぎり、結果を批判することはない」という無条件の愛もまわりには必要だろう。

トーリの言葉から、苦しみや痛みに耐えた人の感性がいかに磨かれていくのか、周囲に希望がいかに与えられる人になるかがみえてくる。傷をもった人、痛みを知った人になにができるのか。くりかえし体験した痛みを、自分へと、他者へと、未来へと拓いていくことの大切さに気づかされる。そうして、ヒトは人になるのだろう。

学生と交わす会話は、こんなふうに授業だけでは見落としがちなものを運んでくる。

コラム3

若者評考

「最近の若者は」ではじまる語り口の定番は、上の世代が嘆き節を交え説教調で語る、といったところか。とくに「いまどきの若者は」で切りだすと、手厳しい。で、そういわれる側の若者の反応はとなると、反省したり、ひとくくりにされることに反発、反論して最近の大人批判をしたり、無視したり、なにも思わず聞き流す、といったところだろう。

昨秋、甲南女子大学の学生に、「最近の若者は」に続く言葉で、なにを思い浮かべるかと尋ねると、大半が否定的なものだった。大人の影響なのか。浮かない顔の学生が多いのも当然だ。そこで、まわりの大人や友人にも尋ねてもっと自由に集めてごらん、と指示した。私はそれらをまとめて印刷し、学生に配布した上で、若者評へのコメントを求めた。

すると、学生の〝気づき〟は、おもしろかった。たとえば、「最近の若者はジコチュー(自己中心的)だが、自己主張がはっきりできるともいえる」という評に対し、学生たちは「いずれにせよ、他人より自分のことを、未来より今をと考える若者が増えたからでは」と深層に迫ったり、「やりたいことをして成功すれば自由な発想ができるとほめられるのに、失敗すればジコチューだといわれる」と指摘したりした。

こうした学びを通して、自己と他者のことを考え、ものの見方を深めてくれるならば、「最近の若者は」というフレーズも活《い》きてくる。

(『読売新聞』二〇〇五年一〇月一七日付け夕刊、大阪本社版)

6

〈自分飾り〉からの脱出

プロジェクトV
大学生活サポートプロジェクト「ケルンⅢ」
（二〇〇三年度後期）

大学になじむには

『ケルン【特別完全版】』（二〇〇三）に収録したエッセイから、入学式とそれに続く前期開始までの間に実施される学内オリエンテーション期間に、大学になじめるのか、学生の今後の動向がほぼ決まってしまっていることが窺える。[☆1]とくに入学式当日がすべてを決めるといってもいい。まさに、はじめが肝心である。

大学になじむ過程では、次のようなことが起きている。

①入学式で、まわりの雰囲気（たとえば、女子大特有の華やかさなど）に飲みこまれると、翌日から不登校になる可能性が高い。
②入学後しばらくして、学生同士のコミュニケーション機会が増え、友達ができると、大学にくるのが楽しくなる。
③お互いの気心が知れ、「素の自分」をだせるようになると、大学になじむようになる。

ここで、キーワードとして浮かびあがったのが、すでに述べたプロジェクトⅢで指摘した「素とキャラ（の攻防）」である（4章参照）。入学当初は、場になじもうとしすぎて、限度がわからず、背伸びをしすぎがちになる。それをみた上回生は、「いつものことだけど、この時期の一年生はがんばりすぎててコワイのよね〜」と、横目でみながら笑っている。大学での居心地のよさは、無理してつくったキャラである「自分飾り」から脱出できるかにかかっている。

☆1　これを補足するデータがある。それは、一年生の必修科目である「自分の探求」の単位取得状況である。

大学生になるための入門科目としての「自分の探求」は、新カリキュラムが導入された二〇〇一年度以来、授業評価をみるかぎり、受講しおわった学生から高い評価を得ている。とくに、二〇〇二年度以降は少人数授業を実施し、全部で一八名の教師が新入生全体をほぼ一〇〇名ずつの九グループに分割し、さらに各グループを前後半の一八クラスにわけて担当するティームティーチングを実施し、好評を得ている。

しかし、例年、どのグループでも二割近くの再履修者をだし、単位未修得者問題が発生している。再履修生にとっては、次年度受講は今さら入門科目を受けるのかということになり、当初の目的とはズレが生じる事態となっている。再履修になる理由は、さまざまであると思われる。にもかかわらず、どのグループでも二割近くの再履修者がでるのはなぜなのか気になっていた。

とりあえず、二〇〇四年度に私が担当したグループ受講者八三名の単位取得状況を把握しよう。なお、このグループでは、カリキュラム開発研究を実施するために使用する教室の収容人数の関係で、受講生をしぼったクラス編成となっている。

受講者八三名のうち、新入生八〇名（九六・四％）、過年度生三名（三・六％）だった。このうち、第一回目の授業でする合同オリエンテーション欠席者は一七名（二〇・五％）。うちわけは、新入生一四名（一六・九％）、過年度生三名（三・六％）で、それぞれ新入生に占める割合は一七・五％、過年度生に占める割合は一〇〇・〇％だった。

新入生の場合、合同オリエンテーション出席者六六名（七九・五％）の場合、単位取得者は六〇名、退学者は一名、失格者は五名となっていた。合同オリエンテーション出席者の単位取得率は、九〇・

一%である。合同オリエンテーション欠席者一四名の場合、単位取得者は七名、退学者は二名、失格者五名となっていた。合同オリエンテーション欠席者の単位取得率は、五〇・〇%である。過年度生の場合、単位取得者は〇名、退学者は一名、失格者二名。合同オリエンテーション欠席者の単位取得率は、〇・〇%である。

結果を要約すると、①合同オリエンテーション欠席者は、新入生の場合、半分が中退や単位未修得につながる、②合同オリエンテーション欠席者は、上級学年の場合、中退や単位未修得につながる、③合同オリエンテーション出席者は、単位取得を目指し、学期をスタートする、となる。

なかなかおもしろいことが判明した。単位がとれるかどうかは、一週目に実施される合同オリエンテーションへの出欠の有無にかかっている。

この結果が意味するものは、なんだろうか。それは、単位を取得できるかどうかは、「自分の探求」を受ける以前にかなりの部分が決着しているのではないかということである。

島田ゼミ交流会

学生をみていて、その大学のもつカレッジ・インパクトについて考えさせられる。

キャンパス・ライフの満足度について、二〇〇三年度に学内調査したところ、一年生のころ五〇%だったのが、毎年一〇%ぐらいずつ上昇していくことがわかった。なにがどうなっているのだろうか。

島田ゼミでは、折りあれば四ゼミ生が一ゼミ生に話す機会をもつ。四年生の話は、なぜかいつも同じところに落ち着く。それは、「もっとひとつのことを一生懸命やっておけばよかった。いろいろやることが大切な気がして、あれこれ手をだしてみたけど、どれも中途半端。アルバイトも社会勉強になるとよくいわれるけど、幅広い体験のひとつにはなっても、社会勉強になるようなアルバイトは少ない。四年間、遊んでしまった感じになる人となにかやり続けた人とは、ぜんぜん違うよ」と。

それを聞いた下級生の学生の反応にも定番がある。「なにかひとつ真剣にやりたいなあと思うようになったけど、それってなにかって思ううちにあっという間に時間がたってしまった」と。

上級生たちと話していると、いかに上級生になるかがみえてくる。

一見派手系の学生が抱えがちな寂しさや空しさ、孤独などもみえてくる。だれもが自分を必死に守るために、クールさを装ったり、プライドをもったり、見栄を張ったりして、弱い部分を隠そうとする。ブランドで身をかためるのも、そのひとつである。それは、決して悪いことではない。なぜなら、そうすることでしか自分を守れないからである。

こんなところにまで目が届くようになると、人として自分と同じ部分があることがわかってくる。自分とは違うと思っていた人が同じ悩みをもっていて、その出方が違うだけである。

それぞれがかかわり、サポートしあうことで、それぞれにしっかりしてくる。

卒業が近くなると、「すっぴん」の学生がずいぶん増えている。力のいれどころと抜きどころがわかり、少々のことではまわりに流されなくなっている。入学したころとは一味違う、バージョンアップした学生になっている。

高校生たちがオープン・キャンパスで大学に訪れる。そのとき、学生が意外と落ちついていて、話してみると話しやすいことに驚く。

この現実の延長線上にあるのだろう、うちの学生は「癒し系」といわれることがある。そのイメージは、一、二年生のころはとかくよくないイメージとからむことが多い。

しかし、上級学年になるころには、心に傷をもったり、人の痛みを知ったりすることで、一皮むけている。ずいぶん大人になっている。そんな学生といっしょにいると、和んでくる。

大人になった学生の学ぶ意欲は高い。就職活動も落ち着き、卒業論文を仕上げるころには、嫌いだった勉強も楽しくてしょうがないことに突然気づき、名残惜しく卒業式を迎える学生もいる。とはいえ、なかには自分を見失い、〈自分なくし〉にはまり、〈自分探し〉に終始したまま卒業していく学生もいる。

内向きの〈自分探し〉に終始する人と、なにかにチャレンジする外向きの〈自分試し〉をしたり、素の自分をさらす〈自分さらし〉をしたりして新たな可能性を拓いていく人の違いはなんなのか。この差は、いったいどこからくるのだろうか。学生がキャンパス・ライフで成功する方法はどこにあるのか。

この思いに至って、二〇〇三年度後期になって、大学生活サポートプロジェクト「ケルン」の新バージョンとして、三年生対象の「教育社会学B」で大学生活サポートプロジェクト「ケルンⅢ」を新たに開始した。[☆2] キーワードは、〈自分飾り〉である。

☆2 〈授業の概略〉

プロジェクトを実施した授業は、人間科学部人間教育学科三年生対象の専門科目の「教育社会学B」である。書くテーマは、「大学一年生、大学三年生のころ」。字数は、六六三字相当とした。一一月中旬に、エッセイづくりを冬休みの宿題としてだした。その際、『ケルン【特別完全版】』を配布し、解説。「素とキャラの攻防」について注意を喚起し、「自分飾り」について書けることがあれば書くように促した。

ところで、できあがったエッセイ集を入学式当日に新入生全員に配布できるとよいと考えた。学長と相談の結果、キャンパスへの適応を促進するために、成功例を中心に編集したものを配布することになった。このため、掲載エッセイ数は、最終受講者数五九名分のほぼ半分の、三三名分となった。これに加えて、『ケルン【特別完全版】』から三九名分を再録し、『ケルンⅢ』ができあがった。

〈自分飾り〉からの脱出物語

その結果、キャンパス・ライフで不適応に陥る典型的なパターンがみえてきた。学生がいかに先入観や誤解をもつに至るのか。そして、自分を守るために〈自分飾り〉に走り、いつしか〈自分なくし〉に陥りがちになるのか。

と同時に、そこからの脱出方法もみえてきた。それは、〈自分試し〉〈自分さらし〉をすることである。結局、キャンパス・ライフの成功の秘訣は、〈自分試し〉〈自分さらし〉にある。

このエッセイ集の紹介文として、学生が一皮むける瞬間を文章にして切りとり、裏表紙に付した。

「とかく新入生は、入学式に出会う、世間的なイメージでの『飾った他者』にとまどう。それに対抗するかのように『飾った自分』をつくり、自分を見失いがちになる。なんのことはない、自分で壁をつくり、南女嫌いになっただけである。もちろん、飾ることで注目を浴びるのもいいい。しかし、それしか頼るものがないと、〈自分なくし〉にはまっていく。このことに気づき、ちょっと勇気がいるけど自分を飾るのをやめると、不思議なことが次から次へと起こりだす。だんだん『素の自分』をだせるようになり、『素の他者』を知るようになる。ひとりで、あるいは仲間と〈自分試し〉をし、気にせず〈自分さらし〉ができるようになればなるほど、居心地がよくなってくる。〈自分づくり〉が洗練され、〈自分磨き〉に拍車がかかる。ものの見方・考え方・感じ方が変わり、同じ世界が違うように自分にふれてくる。心が自由になる」

副題の「〈自分飾り〉からの脱出物語」は、このあたりの事情を伝えるメッセージとなっている。

【大学ガイド版】の発刊に

『ケルンⅢ』を二〇〇四年四月に発刊し、入学式直後に新入生全員に配布するや否や、受験生や高校の先生方から、「本学を知る一助にもなる」という声があがった。

また、『ケルンⅢ』をベースに展開した二〇〇四年度前期の授業でも、内容への反響は大きかった。授業「教育社会学A」でもらった感想のひとつを紹介しよう。

「今日の授業で、先生が『南女生が南女生を誤解している』といわれたときに、私は入学当初の自分を思いだしました。小中高と共学だった私にとって、女子大は未知の世界でした。見知った友達がだれもいなかったこともあり、南女への入学は私にとっては一からのスタートでした。また、南女の〝うわさ〟もあって、不安でいっぱいでした。そんな大学一日目をおわった感想は、『うわさ通りの〝派手〟な学校』『すごく（自分が）場違いな（ところにいるような）気がする』でした。しかし、二日目以降、初日の感想は違うかもしれないと思いはじめました。そして今では、あのときは間違いをしていたと思います。そう思えた（思えるようになった）のは、やはり南女（生）と接して理解していくなかで、私は誤解していたと思ったからです。今、私はこの大学に入れてよかったと思っています」

（二〇〇四年四月二六日分の授業評価より）

こんな声を受け、『ケルンⅢ』をほぼ踏襲した「大学ガイド版」を作成することになった。かくして、二〇〇四年五月、装いを新たに『ケルンⅢ【大学ガイド版】』ができあがった。

コラム4

スモールワールド

最近、「スモールワールド」理論が話題だ。世界中のすべての人は6人前後の知りあいを介してつながっている、という。それを実感する出来事があった。

この夏、故郷の松江市にある島根大学に招かれて、教科以外のさまざまな学校活動について集中講義をした。最終の4日目、教材準備のため早めに教室にいくと、女子学生が「早くはじまると勘違いして」と、ひとり座っていた。

折角なので、ビデオ「戦国法吉《ほっき》合戦物語」をみせた。松江市立法吉小の1987年度卒業生が、郷土史を学ぶ活動として、尼子氏と毛利氏の戦を全員参加でドラマ化したもので、制作責任者は、当時6年生担任の私の母だった。すると、彼女が「松江のご親戚《しんせき》に、お茶の先生がいませんか。その家で偶然、先生のご両親に会いました」といいだした。彼女は、ビデオと母との関係をまったく知らなかった。私は「実は、その母がこのビデオの制作責任者なんだ」と説明、学生と2人で「世間は狭いね」といいあった。

似たような驚きの経験を、2日目の授業後にもしていた。残った10人足らずの学生に、島根半島に桜で覆われる道ができるまでをまとめたビデオ「チェリーロードわが町」を紹介したときだ。その場にいた女子学生が「私の母もこのビデオにでています」。受講生のうちで、地元島根の出身者は2割にも満たないのに。

めぐる縁《えにし》は、不思議なもの。まさにスモールワールドだ。

（『読売新聞』二〇〇五年一〇月一三日付け夕刊、大阪本社版）

7

必要な父性原理

大ナタだってふるいます

各プロジェクトに起きつつあった困難
(二〇〇三～〇四年度)

一九七〇年代以降の素描

一九七〇年代以降、精神的にも身体的にも傷つきやすくなった若者は、傷つくことを恐れ、クールさを装うようになり、自分の「本当の気持ち」がだんだんみえなくなった。

九〇年代に入り、バブルの崩壊と阪神大震災を体験して以降、自分のしたいことをする若者が増加していく。これは、極度の自分の欲望充足に走る「自分中心主義」を生み、自分の周囲から他者（邪魔者だけでなく、サポーターも）が消えていった。

このため、学校に母性原理が多く導入された。たとえば、子どもが傷つかないように、傷ついた子どもをサポートするカウンセリングの手法のよさが広く認知されるようになった。実際、カウンセラーが配置されるようになる。教育界は「臨床」ばやりで、ケアやキュアが注目された。〈自分探し〉が時代のキーワードとなった。

授業では、自分のしたいことをする学生により、私語問題が深刻化する。当初、もうひとつの私語と呼ばれ、私が「無語」と命名した「わからない」を連発する学生や、さらに「避語」と命名した「知らない」や「別に」といってコミュニケーション自体を回避する学生が登場した。

無語や避語になる理由を探っていくと、授業がわからない以前に、自分が大学にいる意味がわからない学生が少なくなかった。実は、それ以前に自分の気持ちがわからなくなっていた。

二一世紀に入り、就職状況の悪化が進み、キャリア形成の上でも、自己分析が必須になってきた。

ところが、どの分野でもよく起こるが、「予期せぬ結果」が生まれる。自己分析は、他者と向きあおうとしない、内向きの〈自分探し〉に終始しがちになる。他者がだんだんみえなくなり、〈他者なくし〉にはまる。他者という鏡を失えば、〈自分なくし〉につながってしまう。他者との回路を失えば、他者とかかわることが怖くなる。自分の居場所を失った喪失感から逃れるように、〈他者閉ざし〉〈自分閉ざし〉を実行してしまう。それがもたらす孤立と孤独は深い。

父性原理の必要

このスイッチを反転させるには、「他者とのかかわり」が量も質も必要である。この意味で、これまでのプロジェクトで実施した、個人研究レポートを作成したり、自分史エッセイを綴ったりする試みは、「自分への働きかけ」という点ではよかったが、「他者への働きかけ」という点ではおとなしめなものだったといえる。

今や、もう一歩踏みこんだ学習指導や教育指導、生活指導が必要になってきている。それは、教育現場に「父性原理」を呼び戻す試みといってもいい。

プロジェクトとしては、受身的に「体験を書くこと」から能動的に「体験すること」へと軸足をシフトすることを意味している。「体験を書くこと」の限界や学生気質の変化がこの試みを後押ししている。

「他者という回路」の重要性

このことを意識したのは、二〇〇三年秋に朝日新聞大阪本社から「私の視点」欄への執筆依頼があったときである。このコーナーで、自分史エッセイ集づくりの試みの意味と成果を紹介してみないかという。

それは、二〇〇三年一〇月二二日に、「自分史づくり　授業で確認「私の居場所」」として掲載された。そのまま、採録しよう。

> 学生と話していると、「自分はここにいていいの?」「これでいいの?」という強い承認願望を感じることが少なくない。「だれかに必要とされたい」思いが見え隠れする。
>
> 自分の存在を実感できないのだろう。自分の影を濃くするため、他者に必要とされ、居場所が与えられることを望んでいる。
>
> 01年、自分史エッセー集を出版する試みを授業ではじめた。テーマは「14歳・17歳のころ」「大学1年・3年のころ」と続き、今年度は「運動会」。毎年、100人から300人が1編を670字程度にまとめる。
>
> 本というスペースをどう使うかは、学生次第。居場所は、与えられるものであると同時に、

自分でつくりだすものである。受動性と能動性のはざまに居場所らしい居場所ができる。

それは、たやすいことではない。自分が感じ考えたことを言語化し、読めるものにするのは難しい。

プライドが高い学生だと、教師や友達からのアドバイスも個性がつぶされると勘違いし、イヤがる。

居場所を確保するためにキャラを演じている学生もつらい。飾った自分が得た場所は、結局居場所はあるけど、居心地はよくないことになりがちである。

いずれにせよ自分を守り、嫌われないためにとった生き方が問われる。

まして他人にどう読まれるかわからないのにどこまで自分の本音を書けるのか、バカみたいに自分をさらけだすのもどうかだし、自分をつくって書くのはイヤだし…、と悩む。

そんな思いをしてまで書くことは、なにを学生にもたらすのだろうか。

エッセーを読んだ学生は、自分と同じ思いをみつけて共感したり、ホッとして涙ぐんだり、友達の知らなかった面にふれて驚いたり、笑顔の奥にあるものに気づいたりしていた。

学生は、他者を受けいれ、他者に受けいれられ、なにかが確実に満たされるのを実感しているようだった。ここには、勇気や希望といった、いつもなら恥ずかしくなるような言葉で表したくなるなにかがある。

〈自分探し〉もいいが、〈自分さらし〉をしようとしない安全?なやり方は、どこか閉塞感があり、自己チュウを助長する。
「他者という回路」を通した〈自分試し〉は、自分だけでなく他者をも成長させるのではないだろうか。

（『朝日新聞』二〇〇三年一〇月二二日付け、大阪本社版）

どんな原稿にするか思案しているとき、「他者という回路」という言葉がでてきた。そう、そこでハタとひらめくものがあった。「他者という回路」をもっと能動的に通すことはできないか。学生の勇気が試されるようなシーンを学習デザインできないか。

以後、〈自分開き〉に向けて、〈自分試し〉と〈自分さらし〉をどうデザインしていくかが頭の片隅を支配するようになった。

日本の場合、学校で人間関係が占める比重は大きい。イジメなどをみてもわかるように、人間関係が安定してこそ学習がスムーズに進むことが少なくない。自分をなくす状態での学習は困難である。だからこそ、自分をひらき、他者をとり戻すために他者とかかわる授業づくりが必要になる。

学びの共同体プロジェクト「個人研究レポート」に起きた波乱

この思いを強くしたのは、私の足元の授業で異変が起きつつあったことが大きい。

まずは、二〇〇三年度のゼミ活動である。島田ゼミでは、この年度の三ゼミ生は少なくて五名だったにもかかわらず、学習成果を個人研究レポート集である『キャラバン』（二〇〇四）に収録することがまったくできなかった。

経緯を話そう。二〇〇二年秋、新学部の一期生である二年生から、次年度に所属するゼミ選びのために案内パンフレットがほしいという要望がでた。これを受け、ゼミ担当者がゼミの詳細を記した文面を用意することになった。

学生のゼミ選びは、「ラク」かどうかに左右されやすい。少人数相手の、じっくりした指導をしようという思いがあり、学生数を絞りたかった。そこで、島田ゼミは「ラクに愉しくやりたい人には不向きなゼミですが、愉しくチャレンジしたい人には絶好のゼミ」と記入し、課題を詳述した。その結果、第一志望の三名と、そうでない二名がきた。

個人研究レポートの作成では、四ゼミ生は例年通り、すでに三ゼミで書いた人は自由参加にしていた。希望者を募ったところ、だれもいなかった。これで、私の気持ちのなかに油断や慢心が生まれたのかもしれない。「今年度は、（思惑通り）余裕をもって三ゼミ生の指導ができる。いつものように、人数をこなすために指導を急ぐ必要もなく、じっくり学生と向きあえる」と思っていた。

それが、次々と裏目にでていく。

卒論は、基本的に「自分は、どんなことに興味や関心があるのか」「研究したいことは、自分とどのようなかかわりがあるのか」がわからなければ、はじまらない。島田ゼミも會田ゼミも、自由な雰囲気が特長であり、学生の自主性を尊重している。その分、学生の責任は重い。

また、両ゼミとも自分がやっていて楽しいことをすすめている。ゼミは二年間あるのだから、やっていて楽しくないものは続かないし、本当の意味で身につかない。論語に「知之者不如好之者好之者不如楽之者」（これを知るものはこれを好むにしかず。これを好むものはこれを楽しむにしかず）とある。学ぶ極意は、なによりもまず「楽しむこと」にある。ただし、苦しさをともなわない学びは達成感が薄いので、ある種の苦しさはつきものである。

ここで、島田ゼミのメンバー全員が立ち往生した。研究の方向性が決まっても、テーマをうまく絞りきれない。知りたいことはあっても、それがなかなか「問い」の形にならない。基礎知識を身につけるので精いっぱいで、学びを楽しむゆとりがない。ゼミ生同士の会話も弾まない。そんな状態のなかから、ひとり抜けだしてみんなをリードするような学生もでてこない。読書会では、毎回だれかがなにかを発表しているのだけど、単発の域をでなかった。

いつもと調子が違うなと思っているうちに、あっという間に年度末を迎えてしまった。卒論指導において、はじめて味わう挫折と思いきや、そんな感じではなかった。

このころの私には、まだ気持ちにゆとりがあった。「ま、こんな年もあるだろう」といった調子である。

三ゼミで研究レポートを書かなかったり、書けなかったりした場合は、四ゼミで書かなければ卒業できない。だから、二〇〇四年度のゼミは、就職活動の動向を見据えつつ、ハッパをかけるつもりで、スタンバイした。しかし、学生の進路が定まらず、夏休みから後期へと雪崩打つように入ってしまった。

後期の初回授業の様子をみて、決断した。このままでは、卒論は書けない。当然、卒業できない。そこで、猛烈なスパルタ指導をかけることにした。学生は、毎週なんらかの成果をもってくることを義務にして、卒論にまい進してもらった。

なかには、卒論がすすまないのと、就職も決まらないとで、身体が参って、ついには病院詣でをする学生もでてきた。

結局、卒論はなんとか他ゼミに見劣りするどころか、いいものができあがった。しかし、のど元あたりになにかがひっかかっている感じが否めない。それは、やりたくないことをやってしまったという感じでもあり、まだなにかをやりそこなっているのではという感じでもある。「やりたいことをやる自由」を保障しているにもかかわらず、その重さを学生に引き受けさせられなかった。表現を変えれば、その重圧に学生が堪えられなかったということだろう。

学生指導に、「厳しさ」をどうもちこむかという宿題が私にでた。

四ゼミ生の声

このあたりの事情を学生の目からみた報告が、二〇〇四年度のゼミ活動をまとめた『ぜみチュー』に収録されている。当の四ゼミ生筆による「研究余話」を二名分紹介しよう。

「島田ゼミは、『この勉強がしたい！』『このことがもっと知りたい！』などの目標があれば、とことん自由にとりくめ、先生も応じてくれるゼミだと思った。『これといってなにがしたいわけでもない』『卒業するために単位がいるから』といった理由でこのゼミをとると、しんどい。このゼミは、さっきもいったように自由である。その分、目標がないととり残されていく、しんどい面もある。私は自由さにかまけて、四回生の春は、就職活動に忙しいからと卒論にとりかかろうとしなかった。夏休みも、課題などなかったため、バイトと遊びに明け暮れた。後期がはじまっても、卒論はまったく手つかずで、ゼミに参加していた。もちろん、そんな日々も長くは続かず、先生から『次回からゼミは毎週参加で、なにかしらの文章に書いてもってくること。一ヶ月で一〇枚は書くように』と、悪魔のような指令が…。私は『ムリやん！』と心のなかでぼやきながら、そこから卒論にとりかかることにした。今思えば、あの指令があったからこそ、こうやって卒論を書きあげることができた。自由にさせてくれるなかでも、学生の心配をして、いざというときには学生の尻を叩いてくれる島田ゼミを選択してよかった、と私は思います」

「私がゼミで一番苦労したことは、卒論のテーマを決めるときでした。興味のあることがたくさんありました。『あっちもいいな。こっちもいいな』と、なかなかひとつに絞れず、たくさんの時間を費やしました。なんとかテーマが決まり、文献探しをはじめたのですが…。そこで、私は『文献探しをはじめたら、時間を忘れて夢中になってしまう』という、自分の新たな特徴を発見しました。おかげで、論文を書くための材料はたくさん集まりました。しかし、探すことが癖になり、追いこみの時期になっても新たな文献探しをしていました。先生に、『資料集めはもういいから、どんどん書いて』といわれるまで、なかなかやめられませんでした。文献探しだけならもう一度やってもいいと思うくらい、一時期ちょっとしたマイブームになっていたかも…。卒論を書きおえて、一番身にしみたのは、『なんでも早め早めにやるべきだったな』ということです。後で焦ることにならないためにも、なんでも早めにやってしまうことが大切ですね！」

三ゼミで起きたこと

二〇〇三年秋、二年生に配布する三ゼミの案内パンフレットが簡略化されることになった。そこで、課題として個人研究レポートを本にまとめることと、実際に本づくりを体験した四ゼミ生の声である「本づくりは大変だけど、おもしろかった」のフレーズを紹介した。

二〇〇四年度は、退官した教師もいて、一教師あたり受けもつゼミ生が平均して一二、三名ぐらいになった。例年、ゼミ生を多くとる先生で、一四、五名である。このため、この年度は人数絞りの思惑はハズれ、第一志望から第三志望までの学生がいろいろなゼミに配分されることになった。こうして、島田ゼミは一二名を迎えた。

二〇〇三年度の反省をふまえ、教師である私がある程度積極的にリードしていくことにした。年々、学生は課題をやってくることがナアナアになっていく傾向にある。学生に尋ねると、「これまで、それですんでいた」とのこと。ゼミでも、そのスタイルを踏襲している。

ここで、ナアナアの程度で、予想をこえる事態となった。学期中に、読書会の発表を一人につき二回することになっている。一回ならまだしも、二回ともすっぽかした学生が二人もでてきた。

一回目にすっぽかした直後のことである。そのうちのひとりが言い訳をしはじめた。「絶対に課題をしないといけないとは聞いてない。知らなかった。事前にいってくれないと…」という。「あきれて、ものがいえない」とは、このことである。

言い訳を聞き流し、まして応じず、一応教育的配慮で発表の先送りの措置をとった。「やらなければ、罰があるよ」といってする教育は、脅しと同じである。彼女たちが、そんな教育しか知らないとしたら、とても残念だった。

本人たちは、授業が早くおわってラッキーぐらいの感覚だったのだろう。他のゼミ生たちと話をしながらニコニコして帰っていく。自分がまわりに迷惑をかけているとはこれっぽっちも思ってなさそうだった。次回以降の読書会に割りこんだ分、他のゼミ生の発表時間が減ることや、授業に参加しにきている学生がいるということは、つゆにも頭になさそうだった。

彼女たちは、先送りになった第一回目の発表は無事こなした。

しかし、第二回目の発表をまたすっぽかした。あっけらかんと、「やってませ～ん」のひとこと。重ねて、例の言い訳をした学生が、「今日、発表だって知りませんでした」という。

ことここに至って、ついに大ナタをふるうことになる。授業後、「今度は、いつ発表すればいいですか」と尋ねてきた。私は、「次は、ないよ」といった。それでもくいさがるので、「授業も終盤で、時間調整はできない」と、こちらも重ねて告げた。いかにも不服そうだったが、さらに「君たちは、気づいてないか、気づかないふりをしているようだけど、二度も他のゼミ生に迷惑をかけたんだよ」と諭し、「それをどう受けとめるか」について尋ねた。かえす言葉がないようなので、今期の単位はでないことを告げ、今後のゼミ活動の参加について、留年するつもりならそれなりに、そうでないならそれもそれなりに活動するよう、促した。

以後、ゼミが引きしまればいいのだが、これがなかなかすんなりとはいかない。言い訳癖のある学生のドタバタは、後期の授業でも続いた。さらに後期の授業終盤、個人研究レポートの添削作業がはじめると、本をいくら読んでも、うまくまとめることができない学生が続出した。日本語がおかしかった。というより、日本語になってなかった。

これは、一年生のとき、彼女らの学年の仲間が自分史エッセイを書いていたころから予感していたことではある。

ここで、自分史エッセイ集づくりの授業に、話を移そう。

文章が書けない

二〇〇一年度よりスタートした自分史エッセイ集づくりにおいても、ほんの数年のことなのに、年をへるごとに教育指導に困難を感じるようになってきた。それは、文章を書くための基礎体力不足というべきものである。

二〇〇一年度よりスタートした、授業「自分の探求」では、メールで気軽にフレンドリーな感じで授業評価を送ってもらう試みをはじめた。絵文字などを使った、短い文章にはなかなかのものがある。

しかし、自分史エッセイのように、ある程度の分量を書くとなると、何割かの学生には極めて難しいものとなりつつあった。

学生には、まずなんでもいいから、思いつくままにどんどん文章を書いていくことを勧めている。「指定された分量なんか気にせず、多めに書いてごらん」とアドバイスする。

ある程度書けたら、次は文章の構成である。エッセイづくりを手助けするものとして、マニュアル「エッセイを書く際のポイント」がある。これがうまくいくには、基本的に起承転結のある文章が書けるかにかかっている。

このため、学生には「(あまり難しいことを考えず、)四段落からなる文章にまとめてごらん」とアドバイスする。これで、小学生の日記にありがちな、「朝起きて、ご飯を食べて、学校にいって、勉強をして…」といった、起起起起…と続くような文章をなくすことができる。とはいえ、収まりの悪い文章は少なくない。

困難は、続く。「いつ、だれが、どこで、なにをしたか」が明確でなく、自分にしか状況がわからない文章も増加している。

感受性が低い・自尊感情が低い

それればかりではない。すでに指摘したが、「忘れてしまって、思いだせなくて、書けない」学生の増加。深刻な場合、本当に記憶が空白になっている…。その風情は、感受性が閉ざされている、あるいは一方向にしか開かれてないようにみえる。

自分の状態をなんとか言葉にできる学生と、通学の途中や昼食時に食堂で話す機会があると、いつからどうしてそうなったか語ってくれたりする。「どうしてクールになったのか」「プライドをもつようになったのはなぜか」「ブランドに興味をもち、見栄を張るようになったのはなぜか」「だんだん、なにも感じられない、にぶい人間になりつつあるのはなぜか」など。

おおよそ、彼らはどこかで人間関係のしんどさを体験している。イジメはその典型である。その結果、「人を傷つけたくない」とばかりに人間関係を避ける。セリフにみえ隠れする、傷つきたくなさ。友達をつくらず、内向きの自分探しにはまっていく。

話を聞いていると、そうなるのも無理ないかという気もしてくる。それは、きっと悪いことではない。私も同じ状況になったら、そうするかもしれない。生きることがしんどい学生が増えている。

〈自分探し〉にはまった学生は、自尊感情も低い。自己分析チャートやエゴグラムをさせてみると、自尊感情の低い学生の増加が目につき、驚かされる。自分のことを知る以前に、自分のことを大切にできていない。「こんな自分のことを書いても…」「こんな自分に書けるのかな…」といった感じで、覇気がない。

授業では、いきおい学生たちのいいところを探したり、励ましたりすることになる。ある学生には、「先生、先生のほめ方が勉強になる。一人ひとり違う点をほめるのがスゴイ」といわれる始末。こんな言葉がでてくる学生は、ある意味ほっておいても大丈夫なのだが、大半は半信半疑。「うそばっかり。本当ですか」と、疑心暗鬼がぬぐえない。彼らへの気配りは、大変である。

教育指導を円滑に進めるには、ますます少人数の授業にしなければ、対応できなくなっている。学生の生活指導の必要性も痛感する。

近年、大学では、教師の学習指導をサポートするティーチング・アシスタント（ＴＡ）制度が整備されつつある。この制度を利用して、なんとか状況を打開しようとする。

だが、ＴＡの能力も心もとない。大学院生で、修士論文をまとめたことがあればなんとか務まるものの、人材の確保が難しい。まして、学生の生活面での理解が深いＴＡで、お姉さん的な対応のできる大学院生となると、もっとかぎられる。

問題は、それだけではない。遅刻時間の制限いっぱい遅刻したり、最低の出席日数で単位をとろうとしたりする学生がいると、指導時間が減るばかりでなく、同じ説明を何度もくりかえさなくてはいけなくなる。数人ならまだしも、こうした学生がちょっと増えるだけで、授業は滞りがちになる。

最後に、提出された原稿を本に載せられるように添削する作業も、膨大で過酷な作業になりつつあった。一教師の篤志でできる範囲をこえていた。

自分史エッセイ集づくりを続けるプロジェクトが急速に難しくなりつつあった。文章作成能力に左右されない試みが必要となってきた。別のいい方をするなら、文章作成能力はそれなりの専門の授業や、学びの共同体プロジェクト「個人研究レポート」に特化し、役割分業を進める必要がでてきていた。

「他者という回路」を体験させる以前のところで、授業がうまくいかなくなっていた。

そんなとき、ある本との出合いが次なるプロジェクトの呼び水となった。そのプロジェクトでは、学生の勇気や希望、情熱、創造力といった、生きる力が試されることになる。

コラム5

まじない

言葉には、意外な力がある。言葉ひとつで、人を生かしもすれば殺しもする。

最近気になるのは、やる気をそぐ言葉を使う若者が増えていることである。「無理」「できない」「ウザい」など。

これで、「失敗する可能性」を未然に防ぐことができ、傷つかずにすむ。とはいえ、同時に「成功する機会」も奪っている。失敗が成功の元になることがないので、自分をバージョンアップすることができなくなる。結果的に〈ダメな自分〉〈自信のない自分〉になっていく。それらは、やがて確信に変わるだろう。

それればかりか、これらの言葉は人の歩みを後退させる。たんにうっとうしくてしなくなったことが、やがてしんどくてしなくなり、それればかりかできなくなっていく。自分が旧バージョンに戻っていく。〈自分探し〉どころか、〈自分なくし〉にはまっていく。それは、生きる意味を見失った〈透明な自分〉を生みだしていくことになるだろう。

そうならないようにするには、どうしたらいいだろうか。私は、この4月より、学生に自分を励ます「まじない」づくりに挑戦してもらっている。

くじく言葉を禁句にし、自分を活かす言葉探しをしてもらう。いきなり「ポジティブに！」といっても違和感がありすぎるので、「とりあえず、ゼロ地点を目指す感じで」と声をかけている。

で、でてきた言葉は「やれるケド」。前途多難だ。

（『読売新聞』二〇〇五年一〇月七日付け夕刊、大阪本社版）

8

はじまりは、自分から

プロジェクトⅥ
自分試しプロジェクト「幸せのレシピ」
(二〇〇四年度前期)

ある本との出合い

次なるプロジェクトの呼び水となったある本とは、日比野克彦氏の『100の指令』（二〇〇三）である。彼自身による彼自身のための指令集で、これを読んだ人になんらかの変化を起こさせる指令集となっている。

指令の大半は、ひとりだけでできる自己完結的なものである。たとえば、「自分の描いた絵を街に貼ろう」「歩きながら右に曲がるときにどうやって右に曲がっているのか、自分の足をよく観察してみよう」「自分の影と握手をしてみよう」など。思わずハマってしまった。

少ないながら、他者とのかかわりを促す指令もある。「お母さん、お父さんのポケットにびっくりすることを書いて、そっと入れておこう」「りんごはなぜりんごというのかいろいろな人に聞いてみよう」など。これはこれで、なかなかおもしろい。

指令の結果が気になった。本自体には、各ページに指令がひとつずつ大きな文字で数行にわたり書いてあるばかり。指令の実行結果は、簡単なパンフレットに収録され、本に添えられている。読むと、そのどれもが意外性と発見に満ちていた。たとえば、「行ったことのない友人の家に電話して、家やまわりのことを聞いて、絵を描いてみよう」という指令の実行結果は、「その後、実際に遊びに行った。説明してくれたところと、してくれなかったところが分かった。そこが面白かった」。このような実行結果の多様性に、興味を覚えた。

日ごろ、大学にかぎらず、学校では、答えのある一問一答式の問題を解くことになりがちである。しかし、現実は、そんな問題ばかりではない。一問多答の世界が広がっている。指令の結果は、如実にそれを語っていた。

いい結果は、いい指令による。これが私のだした、仮の結論であった。とくに、普段の自分ならできないことを試みる指令や、他者とのかかわりを促す指令は、考えるヒントを与えてくれた。これらこそ、〈自分試し〉〈自分試し〉〈自分さらし〉〈自分開き〉にふさわしい。

〈自分試し〉〈自分さらし〉〈自分開き〉に特化して指令づくりをする。これが次なるプロジェクトである、自分試しプロジェクト「幸せのレシピ」につながっていく。

足慣らしの試み

とはいえ、これまでの授業の文脈にのせるとき、日比野氏の試みをもう一工夫する必要がある。それは、学生の〈自分試し〉〈自分さらし〉〈自分開き〉を促すにはどうしたらいいかにつきる。このために、ある種の体裁を整える必要があった。

そこで、この試み全体を「レシピづくり」と呼ぶことにし、学生のレシピを集めた、レシピ集を作成し、学びの成果を共有化することにした。

レシピは、四要素で構成するようにした。それは、①作者名（所属や学年などの属性を含む）、②〈指令〉（学生が自分でつくる）、③〈結果〉（学生自身が挑戦して、だす）、④【自己ＰＲ】（試みの途中から、「Love & Hate」による【自己紹介】に変更）、である。

この試みが、学生が自他を知ったり、自分や他者になにができるのかを知ったりするのに役立てばと考えた。

まずは、非常勤講師として出向いている神戸看護専門学校で、二〇〇三年度後期に開講している「教育学」の試験問題としてだすことにした。

足慣らしの試みということで、〈自分試し〉や〈自分さらし〉に重きをおくより、このような試み自体を実施することが可能かを見極めたかった。

いきなり自由課題というのは難しい。そこで、とりあえず「〜できたらいいな」というイメージで、人とかかわって幸せになれたらいいな、和めたらいいな、笑いがあふれたらいいな、余暇をうまくすごせたらいいなって感じで、「幸せのレシピ」「和みのレシピ」「笑いのレシピ」「暇つぶしのレシピ」の四ジャンルを設定し、そのどれかを選択肢、作成するように指示した。

日程的には、冬休み明け最初の授業で連絡し、次週にレシピづくり相談会を設け、手直ししてもらい、二日後に改めて提出してもらった。一〇日間という、切羽詰まった日程であった。

その結果、受講生四四名全員からレシピが提出された。できたレシピのジャンルを多い順に並べると、「暇つぶしのレシピ」二五名、「和みのレシピ」一〇名、「幸せのレシピ」六名、「笑いのレシピ」三名、となっていた。

各指令を読んでみると、ジャンルわけはそれほど意味がなかった。それから、「笑いのレシピ」

では、笑いをとるのはプロでもなかなか難しいことを再確認した。

レシピの構成部分のうち、〈指令〉と〈結果〉の部分をピックアップし、いくつか紹介しよう。

〈指令〉お父さんのお弁当に、感謝の気持ちを手紙に書いて、いっしょにいれておこう。
〈結果〉満面の笑みで、ちょっと照れくさそうに「ありがとう」といってくれた。

〈指令〉「お腹のなかに赤ちゃんがいる」と思って、赤ちゃんに話しかけてみよう（女の子は自分のお腹に、男の子は彼女のお腹に）。
〈結果〉自分の体がとても大切に思えて、幸せな気持ちになれた。

〈指令〉ドラえもんの「もしもボックス」を使って、なにができるか考えてみよう！
〈結果〉もしもネコと話せる世界なら、ネコ好きな私にとって、毎日ネコと話したり遊んだりできるバラ色の生活が送れる（＾o＾）

〈指令〉夜、ふとんに入って「宇宙の果て」のその先になにがあるのか考え、眠りにつく前に結果をメールでだれかに伝えて、反応をみよう。
〈結果〉いつか宇宙もどれくらいかわかるかも、得体の知れない生物の世界がある、ロマンチック☆なことを考えるやんなど、思ったよりいい返事がかえってきた。

〈指令〉冬の寒い朝に、暖かい部屋で氷がとけるのをじっとみつめてみよう(^.^)y

〈結果〉結構時間がかかって、暇つぶしになった！　自分をみつめ直す時間にもなってよかった(^ ^)

レシピづくり相談会での学生や学生同士のやりとりで盛りあがっている様子や、実際にできた〈指令〉と〈結果〉をみて、この試みはやり方次第でうまくいきそうな手ごたえを得た。

本格的にスタート

これを受け、二〇〇四年度前期開講の授業で、〈自分試し〉や〈自分さらし〉の視点を鮮明に打ちだした自分試しプロジェクト「幸せのレシピ」をスタートした。

目指すのは、〈自分試し〉や〈自分さらし〉をしながら、自分（たち）で汗をかいて答えをだす、一問多答式のレシピづくり。加えて、各授業に共通するねらいとして、「人とうまくつきあえるようになること」と「人をうまく動かす企画を考えだすこと」を設けた。「〜をしよう」と、自分や他者を「誘惑する自分」の誕生を目指す感じである。

この授業実践にとりくんだのは、三大学の四つの授業である。☆1

☆1　〈授業の概略〉

プロジェクトを実施したのは、三大学の四つの授業である。甲南女子大学では、「自分の探求」と「教育社会学A」の二つの授業で、他者とのかかわりにおいて自分や相手を幸せな気分にする「幸せのレシピ」づくり二作品に挑戦した。レシピを完成した学生は、「自分の探求」では前半クラス三七名、後半クラス三四名の、合計七一名。「教育社会学A」では、九九名である。

島根県立大学では、八月上旬に四日間実施した夏季集中講義「教育方法論」で、野外体験学習を促す「海辺のレシピ」一作品と、クラスメイトとなにかする「幸せのレシピ」づくり一作品にトライした。レシピを完成したのは一五名。このうち一名は、島田ゼミ三年生の特別参加である。

島根大学では、八月末から九月にかけて四日間実施した夏季集中講義「特別活動指導論」で、「幸せのレシピ」づくり二作品にチャレンジした。レシピを完成したのは、一〇九名。

「自分の探求」は、一八名の担当教師による合同オリエンテーションの後、教師二名でティームティーチングを実施し、前後半クラスを入れ替わりで六回ずつ担当。前半クラスでは、一回目の授業はイントロダクション、二回目はレシピづくりの説明。残り四回で、レシピづくりに挑戦し、レシピ完成者から順に、「Love & Hate」づくりにトライ。後半クラスでは、一回目はイントロダクション。三回目に、「Love & Hate」づくりとレシピづくりを説明。まず「Love & Hate」づくりをし、完成者からレシピづくりに着手。続く三回で、レシピの完成。

「教育社会学A」では、五月中旬に「Love & Hate」づくりを説明し、五月下旬には提出。それと並行して、レシピづくりを説明。六月上旬に〈指令〉候補を複数考えて仮提出してもらい、六月中旬にはそのよしあしを三段階評価したものを返却し、レシピを完成させるよう指示。提出は、七月上旬。

「教育方法論」は、初日午後の、レシピづくりの説明と【自己紹介】づくり（二五分）ではじまった。レシピづくりでは、三日目午前に石見海浜公園（姉ヶ浜海水浴場&波子海水浴場）にて実施する野外体験学習教材として「海辺のレシピ」づくりと、四日目午前にクラスメイトとなにか体験学習する「幸せのレシピ」づくりを指示。二日目午前、レシピづくり相談会（四〇分）。午後のラスト、「海辺のレシピ」づくり相談会（一〇分）。三日目午前、「海辺のレシピ」に挑戦（一五〇分）。午後、「海辺のレシピ」のまとめ（五分）。四日目午前、「幸せのレシピ」づくり相談会（三〇分）に続いて、「幸せのレシピ」に挑戦（三五分）、さらにレシピの完成相談会（二五分）。午後、レシピの完成と提出（五五分）。

「特別活動指導論」は、初日午後の冒頭、レシピづくりの説明（五分）からはじまった。二日目の午前と午後に、レシピづくり相談会（各三〇分）。三日目授業開始前に、レシピづくり特別相談会（一五分）。午後、レシピづくり相談会（三〇分）。その後、授業のラストに、レシピづくり相談会に並行して、レシピづくり協力タイムを設け、レシピに挑戦（三〇分）。四日目授業開始前に、レシピづくり特別相談会、ならびにレシピの完成相談会（三〇分）。午後の授業開始前に、レシピを提出して終了。

【自己紹介】「Love & Hate」の試み

ところで、【自己ＰＲ】欄は、当初は簡潔な記述を求めるだけで、とくに字数制限なども設けていなかった。これでもよかったが、もう少しレシピ作成者の個性を知ることができないかという思いがあった。

レシピづくりでは、その人のことを知る手がかりは、〈結果〉の部分にしかなかった。しかも、そこからは、その人のことをわずかしか知れなかった。

前期の授業の準備をしていたとき、フォルクスワーゲン社「ゴルフ　トゥーラン　デビューフェア」の新聞広告「Love & Hate」（二〇〇四年四月八日付け）がこの問題解決のためのヒントを与えてくれた（図４）。

そこには、微妙な差異にこだわった「〇〇は好き。××は嫌い」というフレーズのヴァリエーシ

（右端最上段を拡大）

図4　ゴルフ　トゥーラン　デビューフェア新聞広告
（フォルクスワーゲングループジャパン株式会社、2004年4月8日付け『朝日新聞』掲載分より）

ョンが人間や動物のイラストつきで羅列されていた。たとえば、「出逢いは好き。合コンは苦手。(Umi)」「ごはんは大スキ。おあずけはキライ。(J)」「背伸びするのは好き。高望みは嫌い。(Linda)」「常識を壊すのが好き。自分が壊れるのは嫌い。(Rich)」「注意深く、は好き。臆病は嫌い。(Samuel)」「撫でられるのはスキ。さわられるのはキライ。(Chloe)」「優しい人は好き。優柔不断は嫌い。(Yumi)」など。なんとなく、個性というか、その人らしさや動物らしさがじわっと伝わってくる。

これは、レシピ作成者の感性の一端を知ってもらうのに役立つぞって、ピンときた。「ひとつではもの足りない。三パターンつくってもらおう」と思いたち、授業にくみこんだ。

「Love & Hate」づくりの実際

甲南女子大学の授業では、レシピづくりとは別立てで、「自分の探究」ではレシピづくりが早めにおわった学生を対象に、「教育社会学A」では受講生全員を対象に、「Love & Hate」集をまとめる試みをした。「Love & Hate」を〈作品〉として完成させ、さらに【自己紹介】欄で、ひとことでの自己紹介に挑戦してもらった。

具体的には、〈作品〉では、自分にとって美しいかどうかや気持ちいいかどうかという、自分の美的基準を「Love & Hate」形式で三パターン記入してもらった。ただし、ただの好き嫌いにおわらないように、自分試し、自分さらし、自分磨き、自分探し、自分飾り、自分づくり、自分なくしにかかわるものを表現したり、「みんなでいっしょに、は好き。みんなと同じ、は嫌い」といった、微妙な差異に注目するように促した。【自己紹介】欄では、できるだけ簡潔な自己紹介に挑戦し、自分がどんな人なのかを〈作品〉の内容を彷彿させるように工夫してもらった。☆2

実際にやってみると、学生のノリがとてもよく、なかなか楽しかった。同じ年齢の学生が書くと、かぶる表現もでてくる。「ひとりが好き。孤独は嫌い」「マイペースは好き。自己チューは嫌い」「ワイワイは好き。うるさいのは嫌い」などは、その代表格である。そういうときは、「君の表現、かぶってるよ。かぶりそうにない自分のこだわりを表現して」と誘った。学生のセンスがどんどん引きだされていった。「悩ましく難しいけど、おもしろい」と、大好評だった。

これを受け、島根県立大学と島根大学の授業では、レシピづくりは【自己PR】欄をなくし、はじめから【自己紹介】欄を設定した。冒頭を「Love & Hate」で書きはじめ、末尾に近況などをひとことでまとめてもらった。

微妙な好き嫌いの違いをまとめるのは本当に悩ましかったようだが、「自分についていろいろ新たな発見ができた」と、またまた大好評だった。

☆2　「Love & Hate」を完成したのは、「自分の探求」では、前半クラス七名、後半クラス二三名の、合計三〇名である。「教育社会学A」では、九九名である。〈作品〉は、『幸せのレシピ』（二〇〇四）に付録として収録した。

「Love & Hate」とりどり

気になる「Love & Hate」を、『幸せのレシピ』(二〇〇四)よりどんどん紹介しよう。


「自分が好き。自分じゃない自分は嫌い」

「求められるのは好き。期待されるのは嫌い」

「人の目をみるのは好き。他人の目を感じるのは嫌い」

「彼の前で素直に泣いた自分は好き。意地を張って平気なフリをした自分は嫌い」

「ストレートに感情を口にできる自分が好き。ストレートすぎて相手を傷つけるのが嫌い」

「感情を表現できる自分は好き。感情が溢れてしまう自分はイヤ」

「遊ぶのは好き。遊ばれるのは嫌い」

「クールといわれるのは好き。クールにみられるのは嫌い」

「かわいいは好き。かわいらしいは嫌い」

「信頼は好き。依存は嫌い」

「充実してるのは好き。忙しいのは嫌い」

「泣くのはイイ。泣かされるのはイヤ」

「人のためのウソはいい。自分助けのウソは嫌い」

「必要とされるのは好き。利用されるのは嫌い」

「ラクなのは好き。怠けるのは嫌い」

「自分をもってる人は好き。わがままな人は嫌い」

「自分のことをわかってくれる人はうれしい。深入りをする人は受けいれられない」

「憧れるのは好き。妬むのは嫌い」

「正直に生きている人は好き。できない自分は嫌い」

「演じている自分は好き。本当の自分は嫌い」

「だれかのために、は好き。だれかのせいで、は嫌い」

「甘えるのは好き。甘えすぎるのは嫌い」

「いつか、はすき。いつも、はきらい」

「普通は好き。いつも同じは嫌い」

「学校は好き。勉強は嫌い」

「いつもいっしょが好き。いつでもいっしょはイヤ」


ちょっと調子に乗って、紹介しすぎたかもしれない。それぐらい、おもしろい表現が続く。しかも、ちょっとした表現の落差から、いろいろ感じたり、考えさせられたりする。これは、なかなか粋なことである。表現することで、自分の感性を改めて知ることができる。表現されたことで、相手の意外な側面がみえてきて、他者理解が進む。それらが楽しくできるところがいい。

「Love ＆ Hate」の意義

「Love ＆ Hate」づくりは、一見とても軽いイメージがある。しかし、やってみると、なかなか奥深い。

そういえば、河合隼雄氏が人生をかけがえのないものにする方法を語っていた。それによると、自分の人生をかけがえのないものにするには、自分のルールの束である「おはなし探し」が必要とされる。これは、困難で危険に満ちた仕事で、自分がどのようなお話を生きているかが問われる。お話に正誤はなく、要は、どれが好きかという美的問題だという。

では、自分という物語はどうしたらできるのだろうか。竹田青嗣氏によると、自分らしさは、自分でつくったり、自分が採用した価値観・感受性のルールの集まりによってでてきたりするという。なにが気持ちいいのか、なにがよいことか、なにが美しいかについての、自分にとっての基準が自分らしさをつくりあげている。基本的な価値としては、真善美をあげることができる。真では自分（のあり方）にとってこれは本当かどうかが、善ではよいかどうかが、美では美しいかどうかや気持ちいいかどうかで、結局好きか嫌いかが問われるという。

このあたりが定まらないと、まわりのルールを受けいれすぎ、期待にこたえなければいけないと思いこみ、ある日突然自分に好き嫌いがないことに気づき、わからなくなるという。こうした人は、ルールの意味がつかめないまま、まわりのルールを受けいれる傾向が強くなる。もうひとつありがちなのは、あらゆるルールがうそっぽく思われ、受けいれられなくなるという。その結果、なんでもくだらないですますけど、自分ではなにもできない状態になる。

ということは、「Love & Hate」づくりのよさは、自分なりの生きるルールが問われることにある。他者に表現することで、自分をふりかえる機会となり、自分の生きるルールを再確認することができる。他者に表現されることで、さらに自分をふりかえる機会となり、自分の生きるルールを再確認することができる。「個性」がみえてくる。

その結果、自己肯定感や他者肯定感が育まれ、自己の存在証明にもつながる糸口が提供されることになりそうである。

「個性」についての学生の考え方

意外に思われるかもしれないが、「個性」という言葉が若者の間で瀕死の状態にある。ちょっと前までは、「個性＝自分らしさ」だと考えられ、街中を闊歩していたような気がする。

授業で学生に、「あなたは個性的に生きていますか、あるいは生きたいと思いますか」と問いかける。かえってくる答えは、「そうは思わない」が大半。「個性的な人といって思い浮かぶのは、スゴイ人か、ヘン?な人。個性的にはなかなかなれないし、場合によったら浮いてしまう。そんなのしんどくて、やってられない。個性的に生きるのは、難しい」と続く。

そう気づいたとき、学生は「個性＝生まれたままの自分」と開き直った。これでは、個性はたんなる個人差・個体差の話にすぎなくなり、自分磨きなどの入る余地はなくなる。

二〇〇五年二月、レシピづくりの試みが山陰中央新報の「明窓」欄（二〇〇五年二月八日付け）で紹介された。その記事に興味をもった人たちに誘われ、島根県松江市にあるフリースクールの運営者のひとりと話す機会があった。

そこでは、まず親などに受けいれられたことのない子どもたちを、とにかくあるがまま受けいれている。しかし、「あるがまま＝なにもしなくてもいい自分」と解釈し、動かなくなる、あるいは動こうとしなくなる子どもとどう向きあうかが悩みだと、打ち明けられた。

私は、「あること」と「できること」の違いを指摘した。ただあるだけでなく、できるように努力することがポイントとなる。なにもできない、まわりに頼るだけの赤ちゃんが、まわりから少しずつ自立し、自分ひとりでいろいろできるようになっていく。それが、成長する（大人になる）ことの一般的な意味である。簡単にいえば、人間は変化していくのが常態であることを子どもたちにわからせることだった。いつまでも変わらずに居続けるなんて、どだい無理な話である。変わることを自分のなかにどう位置づけるかが生きるための課題となる。

その地平にたどり着くと、〈自分磨き〉や〈自分づくり〉が重要なことに気づく。個性とは、磨きあげられた心身そのものだからである。大方の場合、「型にいりて、型よりでる」ことのくりかえしのなかから、個性が生まれてくる。〈自分試し〉や〈自分さらし〉を続けることで、なにかが身についていく。

それを個性だと感じられないのは、教育現場では「型」を身につけることに終始しがちで、「型」の習（修）得が資格化するからである。資格化すると、いつでもどこでもだれでもできることが重視される。教科書ができあがる。そこでは、「型」が情報化・パターン化し、およそ個性とは無縁のものにみえてしまう。

しかし、実際は「型は変化するもの」であり、「自分の心身も変化するもの」であるから、同じ地点に居続けることは難しい。「個性は磨き続けるものだ」ということがみえてくる。

この意味で、「子どもの個性」を問題にするとき、個性を「　」（かっこ）つきで考える必要がある。小浜逸郎氏が指摘するように、「個性は、もともと社会の壁に突きあたることによって、そこから頭角をあらわすという形でしか実現していかない」のなら、なおさらである。

「個性とはなにか」を考えるための導入としても、「Love & Hate」という課題にとりくむ意味は大きい。この意味で、フォルクスワーゲン社の新聞広告の冒頭にあった大見出しのコピーの「みんなで一緒に、は好き。みんなと同じ、は嫌い」は、個性を考えるよい視点を与えてくれている。

レシピの実際

まずは、【自己ＰＲ】欄を設けた、甲南女子大学分の学生のレシピを紹介しよう。なお、氏名は、【自己ＰＲ】欄のふりがなとともに、イニシャルで表記している。

K・S（19）人間科学部人間教育学科2003年度入学
〈指令A〉いつも近くにいる友達に、手紙を書いて渡してみよう。

〈結果A〉普段メールや電話ばかりなので、改めて手紙を書くのはけっこう緊張した。でも、実際書きだしてみると、思っていることがすらすらでてきて、手紙もいいな…と思った。渡すのは少し恥ずかしい気もしたけど、びっくりしながらも喜んでくれたので、うれしかった!!

〈指令B〉利き手とは逆の手でお箸をもって、食べてみよう。

〈結果B〉左手で食べると、思った以上に難しくて、食べおわるのにすごい時間がかかった。でも、少しずつゆっくり噛んで食べれたので、満腹感があって、ダイエットにはいいかも☆

【自己PR】
K・S　笑うこと、食べること、大好き！　10代最後の夏、楽しむぞ!!

次に、【自己紹介】欄を設けた、島根県立大学と島根大学分の学生のレシピを紹介しよう。ここでも、氏名は、【自己紹介】欄のふりがなとともに、イニシャルで表記している。


T・I（20）総合政策学部総合政策学科2002年度入学
〈指令A〉海辺で遊んでいる子どもといっしょに遊ぼう！

〈結果A〉小さい子は本当にテンションが高くて、見知らぬ人（←私）と楽しく遊んでくれた。無邪気さ、愛らしさが感じられた。

〈指令B〉「夏」のイメージは何色か聞いてみよう！

〈結果B〉圧倒的に、青が多かった。オレンジ、赤、緑のほか、僕色や灰色という想像していなかった色もでてきて、正直驚いた。


【自己紹介】

T・I「雪は好き。冬は嫌い。おしゃべりは好き。議論は嫌い。都会暮らしに憧れる。人が多いところは嫌い」。浜田でのんびりすごしています。

Y・K（21）総合理工学部物質科学科2002年度入学
〈指令A〉自分のダメな部分を友達に話してみよう。

〈結果A〉大分勇気がいることがわかった。リアクションは、「そんなこと、わかっているよ」が大半。ほかには、「そうなんだ～。だから、どうしたの？」「いわれてみると、そうかも」など。いった後、とても清々しい気分になれた。

〈指令B〉友達のいいところを指摘しよう。

〈結果B〉正直、ちょっと悩んでしまった。もっと人に興味をもたないといけないな。いわれた人たちは、ちょっと困惑していた。


【自己紹介】

Y・K「あなたは好き。お前は嫌い。ナマケモノは好き。サボる人は嫌い。友達は好き。知りあいは嫌い」。人に目立たないように活躍をする人が好きです。

学生の反応Ⅰ

手許に、甲南女子大学の学生たちが綴った授業評価がある。この試みは、学生になにをもたらしたのであろうか。

「レシピ完成！　いろいろ考えさせられたなあと思った。普段できないことをやる、いいきっかけをもらった」（「自分の探求」二〇〇四年七月七日の授業評価より）では、自分がやろうと思っていてもなかなかできなかったことに背中を押してもらった様子が伝わってくる。

「昨日、母親に『最近、少しわがままが減ってきたね』っていわれた。この授業のおかげなのかなあ？」（「自分の探求」二〇〇四年七月七日の授業評価より）からは、自他の関係に変化が現れたことを教えてくれる。

ちょっと長くなるけど、こんな「告白」をしてくれた学生もいる。「最後の最後に、先生に告白したいことがあります。私は、吃音（きつおん）です。吃音になるのには、いろいろな説がありますが、私は『心の弱さ』が原因だと思います。私は、今まで吃音のことで、人に傷つけられるようなことをいわれてきました。また、私自身、『私は、吃音だから～ができない』というふうに、吃音を言い訳にして、なにもしてきませんでした。そんな自分が大嫌いで、自分から逃げていました。その結果、私の吃音はさらにひどくなり、また自信もないちっぽけな人間になってしまったのです。私は、昨年より吃音矯正教育へ通っています。そこで気づきました。『自分のなかになにか原因があり、その結果として吃る』ということに。その原因というのが、人に弱みをみせることができない、強がる、かっこつける、人前で泣けない、人によく思われようとする、人に本当の自分をみせることができない…、そのような自分。その教室で、『本当の自分を受けいれられたら、吃音は克服できる。今までしてこなかったことをしないと、吃音は治らない』といわれました。自分自身が体験しないと、本当の自分を知ることができません。今までの私には、『体験する』勇気がなかったのです。今、私は吃音と闘っています。先生の授業内容は、そんな自分の助けとなりました。私には、〈自分試し〉や〈挑戦〉など、先生のおっしゃることが一番必要だったのです。ありがとうございました！」(「教育社会学A」二〇〇四年七月一二日の授業評価より)と。ここには、不安や恐れを抱えながらも〈自分試し〉に自分を投げこんでいく気概が語られている。

学生の反応Ⅱ

島根県立大学での集中講義最終日、最後の授業を締めくくると同時に、パチパチパチと拍手がはじまった。後方の席から「みんな、拍手！」のかけ声がかかり、満場の学生から拍手をもらった。こんなことははじめてで、ちょっとテレてしまった。

たぶん、これがこの授業のすべてを物語っている。

授業終了後、非常勤講師室を訪ねてくれた学生たちもいた。授業評価用紙に感想を書いたけど、書き足らないと語りはじめた。教育を含めたモノの見方や考え方が変わったと、口々にいわれた。自分の生き方も大きく変わりそうな予感がするとの声もあった。

彼らのメッセージのポイントは、「失敗をしてもいいんだ。失敗しても、失敗にこだわる必要はない。失敗したら、別のやり方を探したり、それができるように努力したりすればいいんだ」とい学んだことになる。

うことにあった。要は、失敗の仕方を学んだことにつきる。プラス思考的にいえば、成功の仕方を

〈自分試し〉や〈自分さらし〉をしたからといって、すぐになんでもうまくいくほど世間は甘くはない。でも、最初からあきらめていては、なにもできない。それでは、自信をつけることはできず、自尊感情は低くなるばかりである。

なにかが少しでもできるようになると、自分へのいい感じがつかめてくる。最初は、ラクに楽しくとはいかない。なにをするにもめいっぱいめいっぱいで、余裕なんてかけらもない。人に話しかけるのも、おっかなびっくりで、仲よしの友達がいないと声をかけることすらできない。

それも、場数を踏むと、余裕がでてくる。そうなれば、気持ちいい自分を何度も感じられるようになる。ひとりでもできるようになる。声をかけられるようになってくる。余裕ができると、今まで気づかなかったことに気づく機会も増えていく。感覚が目覚め、鋭くなっていく。そうすると、ますますいろんなことに気づけるようになる。どんなふうに声をかければ、いい反応がもらえるのか。どんな表情やどんな声のトーンでいけばいいのか。〈指令〉をしおわって〈結果〉がでたとき、お礼のあいさつをどうしたらいいかなど…。

学生からのメッセージには、そうした気づきが溢れている。大変だけど、難しいけど、嫌いだけど、イヤだけど、つらいけど、しんどいけど、苦しいけど、努力してみることのよさが伝わってくる。

ここでの授業が学生に変化をもたらしたのは、本当に少人数授業で、学生とのかかわりも多く、

目配りが利いたことが影響しているだろう。大学自体が小規模のため、学生同士の関係が密で、お互いをサポートしあう雰囲気があったことも大きい。教職希望の意思が強い学生が集まっていたこともあるだろう。

海水浴場にて実施する野外体験学習教材として行った、「海辺のレシピ」の実行も大きい。見知らぬ人たちを対象とした〈指令〉の実行。海水浴やキャンプにきている人をはじめ、海辺の管理人やライフセーバーまで巻きこんだ。〈指令〉は、「浜辺にいる人に、どこからきたのか聞いてみよう」「海辺で遊んでいる子どもといっしょに遊ぼう」「ライフセーバーに、なった理由と、やっていてよかったことを聞いてみよう」「海岸のお勧めヴューイングスポットを聞いてみよう」「波打ち際で沖に向かって叫び、どれくらいの人がふりむくか試してみよう」など。

そこには、家族や学生同士、友達同士のなれあいはない。とにかく、自分がやるしかない。身近なだれかを頼ることができない。〈指令〉を実行しはじめてしばらくすると、ヘンな若者たちが浜にきているといううわさが立った。急きょ、私が関係部署にあいさつまわりに走るほど、学生は場を荒らして？いった。

ここには、なにかするにあたり、最初から努力を放棄するばかりでなく、近年ありがちな、努力する人をバカにする風潮もでる余地はなかった。失敗することを恐れているにもかかわらず、それを考えたくないために、がんばらなくてもどうにかなる、がんばってもしょうがない、がんばらないのがカッコいいと考える若者はいなかった。

学生にとってしあわせだったのは、ノリのいい子どもたちが浜に溢れていて、うまく学生と遊んでくれたことである。子どもの世界には、若者が学ぶべきものがいっぱい広がっていた。また、田舎の海辺のよさがあって、そんな学生や子どもたちをのんびりと見守る空気で満たされていた。

もうひとつしあわせだったのは、この試みを「いっしょにやっている」と実感できる仲間がいたことである。もしひとりだけでするとなったら、何倍もの勇気がいっただろう。レシピづくりに入るまでに、私がちょっとした体験学習で地ならしをしていたが、それはあくまでも地ならし程度。先生にやらされるのと、自分でやるのでは雲泥の差がある。広い砂浜だったとはいえ、海辺を共有する仲間がいたことは心強かったに違いない。

失敗の意味

失敗が自分に対してもつ意味を考える上で、二〇〇四年夏のアテネ五輪は恰好の材料をたくさん提供してくれた。卓球で、日本選手最年少で一五歳の福原愛選手が残した言葉は印象的である。「楽しめましたか?」と聞かれ、「楽しむためにきているのではないので、そういうことはない」。「自信がついたか?」と問われ、「そんなきれいごとはないですよ」と答えていた。

また、アーチェリーでは、日本選手最年長で四一歳の山本博選手が、ロサンゼルス大会の銅メダル以来二〇年ぶり、シドニー大会国内予選敗退を乗りこえ、銀メダルを獲得した。彼が残した「中年のみなさんが『おれたちもやるぞ』と思ってくれれば」という言葉は、現状に甘んじず、努力し続けることがなにをもたらすかを教えてくれる。

もっと身近なところにも考えるヒントはころがっている。授業に特別参加した、島田ゼミの三年生は、「モットーは、一生懸命！」という県大生たちをみて、「県大生は、キラキラしていた」と語っていた。〈自分試し〉や〈自分さらし〉がもたらすのは、きっとこの輝きである。

もうひとつのヒントは、〈指令〉を実行した結果、県大生の口からもれた言葉にある。それは、「意外にも」「予想したよりも」「思ったよりも」という発言である。これらの言葉が醸しだしているのは、やってみたことはないけどそうなるはずだといった気分（思いこみ）である。こうした発言がでてくるということは、体験不足や努力不足を端的に物語っている。

個性は磨くもの、そして育むもの。だとすれば、彼らに希望する。「これからもいろんな体験を積んでほしい。なにかができるように、努力を重ねてほしい」と。

自分にコントロールできないものが多いなか、自分でやれることは自分を教育すること、自分で学習することぐらいである。やってみると、思いのほか、人間は変われる。「幸せのレシピ」は、「他者という回路」を通して、その実現を促してくれる。

こうなれば、「あるがまま」や「個性を磨く」の意味を実感できるに違いない。

学生の反応Ⅲ

「なんだか、学生とよくしゃべったなあ～」。これが、島根大学での授業の感想である。トークの内容は、レシピづくりに集中する。授業中はもちろん、授業以外でも学生とのトークシーンが多かった。授業の合間の休憩時間はもちろん、朝は朝で大学にいく道すがら、昼は昼でランチをともにしながら、授業後は喫茶店でティーブレイクをしながら、トークは弾んだ。

内容は、「授業中寝るかもしれないけど、夜通しチャレンジしてもいいですか」「授業を抜けてやってもいいですか」といったズルイ注文から、「この授業をとってない子たちとやってもいいですか」といった参加者の輪を広げるものなど、千差万別である。

「学生全体の様子は?」といえば、毎日慣れない体験学習のオンパレードで私に翻弄され、受講生仲間に再びもまれて、授業がおわるとクタクタに、そして翌日も、そしてまた翌日も、と思っているうちに最終日を迎えていた、という感じだろう。

〈指令〉は、お互いの〈指令〉の挑戦を助けあうために、三日目の午後に設けた、室内での「レシピづくり協力タイム」でできるものばかりではなかった。人によっては、深夜や早朝、場合によっては夜通しでの挑戦となっていた。このため、教室のあちらこちらにトローンとした寝ぼけ眼が並び、カボチャ?頭がうつらうつら…。

最終日には、夜がけと朝がけと二日続けてのハード・スケジュールで、ついにダウンした学生もいた。教室の後方出口をでてすぐのところにあるソファーに、デーンと寝る女子学生まででる始末。妙にヒートアップした教室には、さまざまな学生模様が広がっていた。

レシピのなかには、ちょっと危ない〈指令〉もあり、心配した。しかし、相手選びを間違えず、

〈指令〉を与えた人自身のキャラの助けもあって、なんとか事件や事故を起こさず、いい結果をだしていた。

集中講義がおわってからもいろいろあって、再びトーク、トーク、またトークである。メールのやりとりも続いている。授業を受講していなかった学生にもうわさは広がり、トークシーンはさらに広がりつつある。

〈指令〉のパターン

一口にレシピといっても、できたものを並べるとさまざまである。〈自分試し〉でいくのか、〈自分さらし〉でいくのか。人とうまくつきあえるようになることを目指すのか、それとも人をうまく動かす企画でいくのか。

たとえば、思いつくまま内容を分類しよう。該当する〈指令〉の例を、学生がつくったレシピから、ひとつずつ拾ってみよう。

●取材型～他者になにかを聞いてまわる

＊「私のいいところって、どこ?」って、家族や友達に唐突に聞いてみよう!

●調査型～ヒトやモノについて調べる

＊どうして人を好きになるのか、みんなに聞いてみよう!

●プレゼント型～相手になにかプレゼントをしてみる

＊自分で勝手につくった記念日に、友達にケーキをつくって、どんなリアクションをしてくれるかみてみよう！

●自分語り型～自分のことについて話してみる

＊夜、寝ているときにみた夢をみんなに話してみよう！

●イベント型～なにかイベントをしかける

＊自分のまわりをシャボン玉でいっぱいにしてみよう。

●実験型～なにか実験を試みる

＊左右で違う靴を履いて歩いてみよう。

●観察型～なにかを観察する

＊バイト先の焼肉屋で、お客さんの様子を細かく観察してみよう！

●探検・探索型～わざと日常から逸脱した行動をしてみる

＊家の近くを探検してみよう！

●ドッキリ型～他者に働きかけ、相手の反応をみる

＊朝、公園のベンチに座っている老夫婦の隣に座って話しかけてみよう。

●ぶらり型～自分で働きかけるのではなく、働きかけられるのを待つ

＊飼い犬に散歩コースを決めてもらい、どこまでいくか試してみよう☆

●ご近所交流型～近所との交流を広げる
＊近所の人ににっこり笑ってあいさつしてみよう！
●踏みこみ交流型～友達との交流を深める
＊友達を叱ってみよう！
●旧交型～旧交を温める・深める
＊高校にいって、かつての担任の先生と話をしてみよう！
●観賞型～なにかをじっとみたり、聞いたりする
＊毎日三分間、空を見上げてみよう！
●なりきり型～自分をなくして、なにかになってみる
＊室内を犬の目線で歩いてみよう。
●思いきり型～恥ずかしさをとって、思いきりなにかをしてみる
＊海に向かって思いっきり叫んでみよう！
●内省型～今までの自分をふりかえる
＊今まで生きてきて、人生のターニングポイントはいつだったか、みんなに聞いてみよう☆
●将来型～未来について語りあう
＊自分の将来を家族や友達に予想してもらい、紙に書いてもらおう！　そして、自分で書いたものと比べてみよう！

●よかった探し型～お互いのよさを発見しあう
＊友達と、お互いの長所と短所を二〇個ずついいあってみよう☆

今度は、自分と自分、あるいは自分と他者とのかかわりに着目して、アバウトに分類しよう。程度や対象はマチマチだが、レシピから該当例を二、三個ずつピックアップしよう。

●「素の自分」への接近型～「素の自分」に近づく
○「自分の身体」に
＊足の裏で、夏を感じよう。
＊顔の半分だけ、ばっちりメイクしてみよう。
○「自分の感性」に
＊もし生まれ変わるならなにになりたいか聞いてみよう！
＊砂糖の溶ける音を無理やり表現してみよう。
＊ひらがなで一番セクシーな文字を聞いてみよう（理由も）。
＊風の音を表現してみよう。
○「自分の性格」に
＊ジェスチャーで、自分自身の性格を表現してもらおう。

＊自分を表す四文字熟語を、その理由といっしょに聞いてみよう。
＊「私の口癖はなんだろう」と聞いてみよう！

●「他者」への〈自分開き〉型〜他者とのかかわりをつくり、深める
○「見知らぬ人」（まったくつきあいのない人）と
＊海辺で遊んでいる子どもといっしょに遊ぼう！
＊困っている人をみつけて、ちょっと手伝ってみよう。
＊温泉で、入浴中の人にたくさん話しかけてみよう。
○「顔見知り程度の人」（どこかの場で居合わせる程度の人）と
＊レジのスタッフの方に、「ありがとう、○○さん★」といおう！
＊毎日会っているが、あいさつすらしたことない近所のおばさんにあいさつしてみよう！
＊住んでいる共同アパートの廊下で、死んだふりしてみよう。
○「ある程度知ってる人」（ある特定の時空間を共有する、あるいはした人）と
＊多めに料理をつくり、友達や後輩、同じアパートの人におすそわけしてみよう。
＊知りあいに、最高の笑顔をしてもらおう。
＊島田先生を漢字一文字で表現してみよう！
○「よく知ってる人」（かなりの時間、生活時間を共有する人）と

＊海辺で、友達の素な笑顔を写真に撮ろう！
＊友達の家に遊びにいき、そのまま晩御飯をつくってあげよう。
＊家族全員に将来の夢はなんだったか聞いてみよう。

●「未知なるもの」への接近型〜未知のものに、怖れず触れていく

○「知らない（慣れない）場所」で
＊曲がり角ごとにコインを手の上ではじいて、表がでたら右に裏がでたら左に曲がって、大学から家まで帰れるかやってみよう！
＊真っ暗な部屋で、友達としゃべってみよう！
＊ぜんぜん知らない道に迷いこんでみよう！

○「知らない（慣れない）時間」で
＊友達と、流れ星が流れるまで夜空を眺めよう！
＊早起きして、新聞を手渡しで受けとろう。

○「知らない（慣れない）感覚」で
＊目を閉じて会話してみよう！
＊三〇分間、子どもの目線まで腰を落として街中を歩いてみよう。
＊もし自分が野良犬だったらなにをしたいか、みんなに聞いてみよう！

●時空間の共有型〜同じ時空間を同じようにすごす

○「二人組」で

＊二人組になって、水平線を眺めよう。その後、なにを考えていたか聞きあおう。

＊二人組になって、身ぶり手ぶりで会話しながら海岸を歩こう。

○「仲間」と

＊みんなで食材をもち寄って料理をつくろう。

＊友達におにぎり弁当をつくって、朝日をみにいこう！

＊友達と竹とんぼをつくって、外で飛ばしてみよう！

○「いろんな人」と

＊いろんな人と俳句をつくってみよう！

レシピづくりの光と影

なにはともあれ、〈指令〉に挑戦することで、いろいろな〈結果〉を体験し、そのなかで「気づき」を重ねていくことが重要である。それが変化（成長）につながっていく。

そもそも、学びには二側面ある。「学」という字は、「覚」に通じるという。ということは、学びには「覚える」ことと「覚醒する（気づく）」ことが内在している。

現代教育の光と影は、この二側面にわたる。単純化していえば、学びの基本である、読み書きそろばんをおろそかにすれば「覚える」ことができず、学力低下を生む。「気づく」ことをおろそかにすると、感性が鈍り、心が育たず、生きる力が衰える。二つのことができないことで、自尊感情はますます育たなくなる。

三大学での試みをみるかぎり、「レシピづくりをして、よかったよかった」という印象をもたれるかもしれない。しかし、それはいかにも早計である。

レシピづくりをすることで、不幸になる人がいる。レシピづくりをする気にもなれず、レシピを試す気にもなれず、〈結果〉をださなかったにもかかわらず、やったようにみせかけて、〈作品〉を完成した恰好をとりつくろって、課題を提出した人たちである。

なぜバレているかといえば、それを隠さず、堂々とやってみせる学生もいるからである。レシピづくりの相談にのっていて、うまくいかず、ついに〆切りが迫り、背に腹は代えられず、なんとかゴマかしたケースや、友達におねだりしてレシピをもらい受けたケースなど、いろいろある。

人をだましたり欺いたりすることは、それほど難しいことではない。表面的には、なにごとも問題なく、自分では要領よくやったと思っているのだろう。

でも、あざといことをしたのを自分は知っている。これでは、自尊感情は高まらず、自信もつかない。授業をとる意味や受ける意味を見出せないとき、それは顕著となる。

もちろん、自分なりに優先事項を勘案した結果、どうしてもそうせざるを得ない場合もある。とくに集中講義では、時間不足でそういうこともあるだろう。

ただ、〈自分試し〉や〈自分さらし〉をするいいチャンスを逃したことに気づいてほしい。

〈自分試し〉や〈自分さらし〉を恐れる人は、ある種のパターンがある。ひとつは、いわゆる「いい子ちゃんパターン」で、まわりからの期待にこたえようとしすぎ、自分がわからなくなり、〈自分なくし〉にはまっていく。

それから、「クールちゃんパターン」で、なんでもくだらないですますけど、自分ではなにもしなくなる。自分が動いてなにかに挑戦する気概に乏しいため、これまた〈自分なくし〉にはまっていく。

いずれにせよ、自尊感情は低くなり、他者とのいい距離がとれないため、なかなか自分が定まらない。いいとこ、〈自分探し〉に終始する。これでは、人間関係をうまく築けない。

ちょっと勇気がいるけど、ひとりで、あるいは仲間と〈自分試し〉をし、気にせず〈自分さらし〉ができるようになればなるほど、自分の影が濃くなり、自分の存在を実感できるようになる。ひとりでなにかをすることがだんだん怖くなくなっていく。〈自分づくり〉が洗練され、〈自分磨き〉に拍車がかかっていく。ものの見方・考え方・感じ方が変わり、同じ世界が違うように自分にふれてくる。心も自由になる。

挑戦することが苦しくも楽しいことであると体験的に知ると、内面的にも活性化し、表情が豊かになってくる。自分の心が収まり、落ち着いてくる。

すると、〈自分試し〉や〈自分さらし〉をする人と、その人と向きあう人との間に人間関係ができてくる。対人関係も定まってくる。〈自分試し〉や〈自分さらし〉をする人の表現を理解し、共感できるようになると、お互いにいろいろな発見がある。

苦しみを深める先には、こんな楽しみがある。この楽しみを知ると、それは一生続くことになる。だとすれば、日々をどう生きるかが重要になる。生き生きと生きているとき、なぜかちょうど適切なときに適切な人が現れるようになる。人間関係のなかで、楽しみが生まれてくると感じられるようになる。

結局、「はじまりは、自分」ということなのだろう。親や先生など大人の期待にこたえようとすることも、クールを装うことで自分を守ろうとすることも、発端は他者からの働きかけに対する防衛的な対処の結果であることが多い。他者に重点をおきすぎる人生は、与えられた人生を生きることになりがちで、生きる実感が乏しくなる。

自分らしい素敵な人生を送るには、自分からなにかはじめることがきっかけとなる。自分の生き方を自分で選び、自他を発見する生き方をはじめることが重要になる。

「幸せのレシピ」は、そのきっかけを提供している。

コラム6

幸せのレシピ

人間的成長には、〈自分試し〉や〈自分さらし〉が欠かせない。そこには、自分が傷ついたり、人を傷つけることが待ち構えている。

実は、それらはそれほど怖いことではない。人は、傷つきながらも成長できる。それをバネに、人を思いやり、ちょっとのことでは傷つかなくなる。人を許すやさしさや寛大さを身につけていく。

ポイントは、なにかができなかった痛みと、なにかができた達成感を味わいきることにある。

このために、昨年より、人とうまくつきあえるきっかけとなる「指令」を自分で考え、それを授業内外で実践する、〈幸せのレシピ〉づくりという試みをいくつかの大学ではじめた。

たとえば、ある男子学生は「人前で本の読み聞かせをしよう」といい、自ら初挑戦。同級生の拍手という最高のプレゼントを手にした。

「島田先生を漢字1字で表現して」というレシピを実行した女子学生は、愉・粋・珍・奇・熱・固・軟などの答えをもらい、どれひとつ同じものがないことに驚きつつ、どれもいいところをついていると納得。会話の輪を広げていった。

ある女子学生は、この試みを通じ、人とかかわりたいという自分の気持ちに気づいて、「生き方を変えていく第1歩になるのかも」と語ってくれた。

少しだけ背伸びをすると、新しい自分や他者に出会える可能性が広がる。

(『読売新聞』二〇〇五年一〇月一一日付け夕刊、大阪本社版)

9

他者へひらかれる

「できない」から「できるかもしれない」へ

プロジェクトⅦ
自分試しプロジェクト「幸せのレシピ2」
（二〇〇四年度後期）

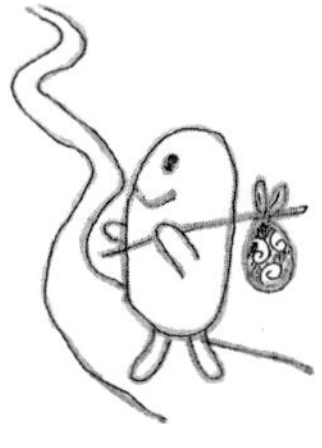

「幸せのレシピ」シリーズ第二弾の作成へ

二〇〇四年度前期に実施した、レシピづくりは、とても評判がよかった。そこで、後期の三年生対象の「教育社会学B」でも、この試みを続けることにした。その結果、「幸せのレシピ」シリーズの二作目となる、『トレイル・エンジェルス』(二〇〇五)が生まれた。[☆1]

「トレイル・エンジェルス」とは、山々を貫くトレッキング・コースのそこここで、ハイカーを助ける人たちのことである。トレッカーは、トレイル・エンジェルスのサポートを得て、次なる歩を進める力につなげていく。

トレイル・エンジェルスも、かつてトレッカーとしてトレイル・エンジェルスのサポートを受け、そのありがたみや温かさを感じた人たちである。自分のためにしてもらって感激したことを、今度は自分が他者のためにする。もちろん、そこにお仕着せはない。

「幸せのレシピ」は、レシピづくりに参加した人たちをそんな気にさせている。学生は、レシピづくりにとりくむことでなにか自分のためにしたくなる気持ちを育て、さらに人のためになにかしたくなる気持ちを育んでいる。学生は、それができる自分に、生きる実感を見出しつつある。

その姿が、これからレシピを実行しようとする人に励みを与えている。やった結果、私もレシピづくりに参加したいという声が大きくなった。「私たちもレシピ集をつくりたい」という、次なる声もあがってきた。こうしたパワーの喚起力は、「幸せのレシピ」づくりならではのことだろう。

この声を受け、シリーズ第二弾となる『トレイル・エンジェルス』を世に送りだした。レシピづくりに参加した学生やその成果をまとめた本は、トレイル・エンジェルスに似ている。いろんな学生たちの手助けを受けながら、山あり谷ありのレシピ・トレイルを歩むイメージがタイトルに刻みこまれている。

今回のレシピづくりでは、テーマを限定して、二つの作品づくりに挑戦してもらった。ひとつは、冬シーズンを体感できる「季節のレシピ」である。もうひとつは、異年齢（異世代）の人たちが交流体験する「交流のレシピ」である。

『幸せのレシピ』（二〇〇四）では、レシピづくりをした授業が前期だったということで、春夏シーズンならではのレシピや、季節感のないレシピ、友達同士など同年齢層でやるレシピが多かった。

そこで、『トレイル・エンジェルス』では、『幸せのレシピ』にはないレシピづくり、あるいはすきまのレシピづくりを目指すことにした。

☆1〈授業の概略〉

プロジェクトを実施した授業は、「教育社会学B」。一一月中旬の授業終了前に、冬休みの宿題としてだした。二週間後の一一月のおわりに、参考資料として『幸せのレシピ』を配布。一二月最後の授業に、レシピづくり相談会を開催。新年明け、最初の授業のおわりに、仮原稿の提出。最後の授業のはじめに、学生に内容確認を求め、完成原稿の提出。レシピを完成したのは八一名。

〈指令〉の実際

できあがった「季節のレシピ」と「交流のレシピ」の〈指令〉を、いくつか紹介しよう。

●「季節のレシピ」の実際

*大切な人たちの手のひらをマッサージしてあげよう。

*白く吐く息がどれぐらいの距離まで届くか測ってみよう！

*みんなで鍋をするとき、ひとつだけハート型に切ったニンジンをいれて、「これとったら、幸せになれるよ」といってみよう！

*冬山の川に入り、足をつけてみよう。

*除夜の鐘の音を、百八つすべて聞いてみよう。

*雪音に、耳を澄ましてみよう。

*落ち葉を踏んでみよう。

*真剣に冬山登山をしてみよう！

*居酒屋で、忘年会の様子を観察しよう。

●「交流のレシピ」の実際

＊赤ちゃんは、泣いて意思を伝える。私も、泣いて意思を伝えてみよう。
＊犬をつれて、近くの保育園や幼稚園に帰宅時間をねらっていってみよう。
＊小学生に、今流行っている遊びを聞いてみよう！
＊年上の人に、大人としてのマナーに気を遣って接してみよう。
＊祖母と、同じペースで散歩してみよう。
＊「あなたにとって、おふくろの味は？」と、いろんな人に聞いてみよう。
＊「結婚」とはなにか聞いてみよう。
＊人はいくつになっても恋をする感覚は同じなのか、いろんな年齢の人たちに恋愛話を聞いてみよう。
＊アルバイト先で、年配のお客さまの目をみながら笑顔で対応してみよう。
＊バイト先で、はじめて話す人に、自分からにこやかに笑って話しかけてみよう！
＊年代の幅が広い職場で、働いてみよう！
＊いろんな人に、私はどんなふうにみえているのか聞いてみよう。
＊みんなで集まって、新しい冬の風物詩を創造しよう！

学生の反応

今回の試みは、少し中途半端におわってしまった。理由は、二つある。ひとつは、就職活動に関連している。なぜか各種の就職セミナーと授業とが散々重なった。就職が厳しくなるなか、三年生はできるだけ多くの就職セミナーに参加したい。就職セミナーと授業との板ばさみで、三年生の気持ちは落ち着かない。学生の欠席が入れ代わり立ち代わりで始終あり、授業への参加意識を高めたり、授業に流れを生みだしたりするのが難しかった。それに、自分史エッセイづくりは就職活動するための自己分析に役立ったが、レシピづくりは切実性に欠けた。就職活動で、精神的にも肉体的にも大変ななか、心身が消耗する〈自分試し〉はできない相談だった。

もうひとつは、レシピづくりのテーマを限定したことにある。「季節のレシピ」づくりでは、異常気象が影響した。二〇〇四年は季節が異常で、梅雨に雨が乏しく、夏は異常に暑く、それは秋になっても変わらず、秋らしくない日々が続いた。一二月も暖冬続き。学生は、思うような試みができなかった。また、レシピづくりに季節を前面にだしたため、ステレオタイプ的なイメージが先行し、発想が広がらなかった。逆にいうと、似たような〈指令〉が数珠つなぎとなるありさまだった(これには、季節感の喪失ということが背景にはあるかもしれない)。いくら学生に発想の転換を促しても、就職活動で落ち着かないまま浮き足立っていて、ゆっくり発想をふくらますことが難しかった。「交流のレシピ」も、身近に異年齢の人が少なく、相手を探すので一苦労。家族や親戚頼りで、友達同士以上に社会的なものとの関係づくりを目指したのに、社会にでるのではなく、内に戻る形となってしまった。

この結果、『トレイル・エンジェルス』には、『幸せのレシピ』にあった大胆さやおもしろさがなくなり、こぢんまりとしたものとなった。「授業は、ナマモノだ」と、痛感した。

授業の余韻

二〇〇四年度の後期試験がおわり、キャンパスが閑散としてくる二〇〇五年二月の半ば、研究室であれこれ雑務に追われていた。そこに、今回の試みに参加した三年生が二人やってきた。ひとりはゼミ生で、借りていた本の返却にきた。もうひとりは、友達におつきあいというふうで、入口の影に隠れる感じで友達の用事がすむのを待っていた。その気配に不思議なものを感じたので、私はゼミ生に「だれか、いるん」と、声をかけた。「うん。先生の授業をとってた子だよ」と、含み笑いをする。「外は寒いから、研究室に入ってもらったら」と、言葉をつなげる。

ゼミ生に促されて、彼女は研究室に入ってきた。ゼミ生との、卒論についての話がひとしきりおわると、彼女はあることを話しだした。彼女は、高校時代に私と出会ったことがきっかけで、高校の先生の「うちの高校からの進学者がいなくて、キャンパスの様子がわからないからやめとけ」という指導をふり払って、この学科にやってきたという。その後、私の授業を受けて、感じ考えたことをつれづれなるままに話してくれた。

最初の話題は、授業でとりあげた友達関係のことで、いつもいっしょにいるしんどさを感じるのなら、一歩距離をおくことも大切だと、私が話したことについてだった。彼女曰く、「授業では、人間の内面にまで入りこみ、慣れるまでは少し抵抗があったけれど、本当に自分も考えさせられたし、まわりのことも前よりだいぶみれるようになった気がする」と。彼女の結論もすでにでていたのだろう。私の発言が後押しとなって、大変だった友達関係から離れ、今やっと心に平穏と平安が訪れつつあるということだった。この選択でよかったのかはわからないけれど、「ま、いいか」と思っているという。

ややあって、話題はレシピづくりで体験した〈自分試し〉に移った。そのとき、彼女はあることを語りだした。それは、「自分がダメな理由」だった。彼女の口から何度となくでてきた言葉が気になった。

「できない」「無理」を連発する。その言葉を発するときに、目元に浮かぶ影が気になり、指摘した。「なにをするにも自信がない。なにかをする前にできないと思ってしまい、そう叫んでしまう」という。自尊感情の低さが気になった。

彼女らは、「わからない」「知らない」など、コミュニケーションすることを避ける、「避語」を使いはじめた第一世代である。「やだ!」「むかつく」「ウザい」など、相手を退け、疎んじる言葉遣いもお手のもの。今風の日本的あいまい表現である「ビミョー(微妙)!」「どっちでもいい」をよく使い、相手をかわす。相手のいうことなんか聞きたくないという気持ちを、「でも、…」「そうはいっても、…」といって、他者否定してヘンな自己優越感にひたるのも得意。できなかったり、しない理由を「でも」「だって」と言い訳したりすることもしばしば。自分の思い通りにならないと、すぐキレるし、「疲れた」といって投げだしてしまう。

私も場を選んで学生相手に使ってみると、これらは、自分のイヤな部分をすべて避け、会話を滞りなく進める、ある意味、とても便利な言葉であるとわかる。

しかし、しゃべった後に感じる閉塞感や内閉感はあまりいいものではない。会話が広がらず、自分の気持ちをうまく伝えられない。イライラ感すらでてくる。これでは、相手も自分のことがわからずじまいで、当座の差しさわりのない会話でおわりである。

この日、忙中に閑ありという感じで時間があったのと、研究室に顔をだす元気がある学生ということで、突っこみをいれてみた。「できないや無理というセリフを、いつ、どんなときにいいだすようになったのか」「それが口癖になった今、どんな感じで生きているのか」「これからも、このままでいきたいのか」「そうでないとしたら、本当はどうしたいのか」など、矢継ぎ早に聞いていった。

彼女の結論は、彼女なりにすでにでていたのだろう。「こんな生き方はイヤだし、していきたくもない」ということだった。それを確認するために、研究室まで足がのびたのだろう。

そこで、こんな約束をしてもらった。「今後、それらのセリフをはかないし、はきすてない」と。「できない」「無理」は、禁句ということである。

私の希望を語った。「できるかもしれない。無理じゃないかもしれない。できなかったとしてもそれはそれ、無理だったとしてもそれはそれ。やって失敗して傷つく心配をしてなにもやらずにジリジリしているよりも、失敗や挫折は何度もするものだと心得て、それをバネにして、やれる可能性にかけたり克服する喜びを知ったりできればもうけものぐらいの気構えをもって生きてほしい」

と。そうすれば、もっと心にゆとりある生き方ができ、それが表情にも表れてくるに違いない。

話がちょっと人生訓ぽくなって申し訳ないが、若いときは、人生、ひとりで生きているつもりになりがちである。ほっておくと、「人に迷惑をかけなければなにをしてもいい」なんて憎まれ口を叩くもの。でも、本人が気づかない、あるいは気づきたくないだけで、多くの人のお世話になっている。いろんな人の助けがあってこそ生きていける。このことがわかれば、生きていること、生かされていることがわかり、自然とあらゆるものへの感謝の念も湧いてくる。

ネットワークのなかで生きていれば、自然と人に感謝されていくことになる。たとえば、『トレイル・エンジェルス』には、彼女のレシピが収録されている。これを読む人たちにとって、彼女は思いがけずトレイル・エンジェルスの一員となって、人をサポートすることになる。

「私、なにをやってもダメなの。無理」といって、できない自分を提示することで自分を守るのをやめよう。知らず知らずに感謝されていることには気づきにくいから、人から感謝されたことを思いだそう。思いだして、幸せな気分になれたなら、心が「素直になれた」ということ、「素の自分」になれたということだろう。

「できる」自分に注目してほしい。ベタないい方だが、否定的悲観的な考え方はやめて、肯定的建設的に考えてほしい。無語や避語ではなく、「なるほど」「そうだ」「いい考えだ」「それはすばらしい」という言葉が口から溢れてほしい。

一〇年後の彼女に会いたいものである。

おわりに

総括

これまで試みてきたプロジェクトをトータルでみたとき、どんなことがいえるだろうか。簡単にまとめてみよう（表6）。

プロジェクトの意味を表にしてみると、アウトプットは同じ本という形式でも、内実は多様であることが一目でわかる。

プロジェクトを通して、自己成長には、内向きになりがちな〈自分探し〉だけでなく、外向きの〈自分試し〉や〈自分さらし〉が欠かせないことがみえてきた。

そこには、人を傷つけることや自分が傷つくことが待ち構えている。それが怖くて、引きこもる人もいる。でも、それでは成長（変化）は望めない。

表6　プロジェクトの意味

	個人研究レポート	自分史エッセイ	幸せのレシピ
作成様式	研究論文	エッセイ	指令＆結果
教育目標	研究能力 論文作成能力	自己探求能力 文章作成能力	人間関係形成能力 短文作成能力
目指すもの	未知の発見 社会的な発見や発明 世界理解	自分探し 自分の発見 自分理解	他者探し 他者の発見 他者理解
求められるもの	自分磨き	自分さらし	自分試し
基づくもの	事実	真実	意志
作成手順	科学的	内省的	誘惑的
作成材料	書籍・体験・調査	記憶	行動
とりくみ方	半年以上かけて ゆっくりと	１～３カ月かけて じっくりと	比較的短い期間 集中的に
試されるもの	やる気・持続力・忍耐 知識・経験・思索力	生き方・誠実さ 反省的思考	生きる意欲・生命力 勇気・希望・情熱
成果	社会的な新しさ 未来をひらく 知ること 世界理解	過去の整理 個人の自立をひらく わかること 自己受容	他者との交流促進 自分をひらく かかわること 他者受容
教育分野	科学教育	キャリア教育	ライフ教育
アウトプット	個人研究レポート集	自分史エッセイ集	幸せのレシピ集

傷つくことは怖くない

実は、人を傷つけることや自分が傷つくことは、それほど怖いことではない。これを聞いて、「えっ？」って思った人もいるだろう。だけど、本当である。人は傷つきながらも成長できる。なにかをして失敗したりすると、クヨクヨ落ちこんだり、悩んだり、考えこんだりする。でも、それを引きずってはいけない。そんな時間があったら、もう一度新たな気持ちでトライしてみたらいい。なにかきっかけがつかめたり、ひょんなことでうまくいったりする。

なにかができなかった痛みと、なにかができた達成感を味わいきるのが青春だろう。青春の特権といってもいい。

傷つけ、傷つけられ、それをバネに、相手を思いやれるようになり、ちょっとのことでは傷つかなくなる。そして、人を許すやさしさや寛大さを身につけていくことになる。そのくりかえしのなかで、青春は輝きを増していく。いい意味での、闘いの時空間がそこにある。

一人ひとりのささやかな出来事（本人にとっては、とてつもない出来事?）の積み重ねがその人の内面を、さらにそのまわりにいる人たちの内面をも確実に変えていく。その瞬間、その場に立ちあった人たちは感動をともにする。

だけど、今この喜びを知らずに育つ若者が増えているのではないだろうか。自分を試さず、自分をさらさないでいると、感性が萎えてくる。自分のことがわからなくなっていく。

学生の一人ひとりとかかわっていると、自分を試し、自分をさらしたとき、自分がなにを感じるか、実は知りたくてジリジリしている人が何人もいるのを感じる。でも、できずにくすぶっている。その一線を突破するにはどうしたらいいのだろうか。

それには、道連れがいると心強い。一人ではできないけど、仲間がいるとできることってけっこうある。そして、バカげたことでもいいから仲間となにかやっていると、友達の見知らぬ側面に気づく機会も増え、友情も深まっていく。お互いに張りあうことで、背伸びをするきっかけもでき、いつのまにか一皮むけてるなんてことにもなる。

今、日本は便利になり、なんでもかんでもラクに楽しく要領よく生きようとする人が増えている。そんな雰囲気に飲まれると、自分を試し、自分をさらす機会はなかなかめぐってこなくなる。

でも、背伸びをしてするようななにかに出合わないかぎり、新しい自分に出会うことはなかなか難しい。

傷つくことは怖くない。

あとがき

本書では、〈自分試し〉や〈自分さらし〉をすることによって個性・自尊感情・社会性を育もうとする教育的課題に対して、大学授業の場でとりくんだ模索の過程を報告した。そこでは、ひとつの試みがつまずきを生み、それが新たな試みの着想につながってきた。この連鎖は、今もとぎれることなく続いている。

裏返していえば、これは自尊感情の低下をはじめとする学生の成長の困難が深刻化し続けていることを意味している。自分が直面する課題を解決するためにポジティブに考えて行動しよう思う「意思力」まで衰弱している。

この状況を学生が自分の力で反転させるために、教育はどのようなことができるのか。これは、大学のみならず、キャリア形成という共通した課題を抱える学校教育全体にとっても重要な問いであろう。

二〇〇五年度、これまでの七つのプロジェクトの成果をふまえ、新たに二つのプロジェクトに着手した。

ひとつ目は、プロジェクトⅧ～自分支えプロジェクト「まじない」（二〇〇五年度前期）である。〈自分試し〉や〈自分さらし〉を促す自分試しプロジェクト「幸せのレシピ」は、指導者がいるとできるが、ひとりではなかなかできない。試み自体、単発的なものとなりがちである。そのときはできても、時間がたつと元の木阿弥になりがちである。この欠点を補うために、〈自分試し〉や〈自分さらし〉を持続する力となる「まじない」に着目している。それは、自分を自分で見放したり、見捨てたりせずに、自分を自分で救ったり、自分を生かしたりするにはどうすればいいかを、考えるだけでなく、実践する〈自助〉プログラム、〈ライフスキル〉プログラムである。成果は、島田博司編『まじない』（二〇〇五）にまとめている。

二つ目は、プロジェクトⅨ～自他確認プロジェクト「自他問答」（二〇〇五年度後期）である。それは、「他者という回路」と「自分という回路」を交錯させ、「自問自答」「自問他答」「他問自答」「他問他答」という四つの回路を設け、自他の回路を重層的にするなかで、自他の存在を確認する試みである。成果は、島田博司編『なぜなに集』（二〇〇六）にまとめている。

これらの成果をふまえ、二〇〇六年度も新たなプロジェクトをはじめた。ひとつ目は、プロジェクトⅩ～自分支えプロジェクト「自縛返し」（二〇〇六年度前期）である。ここでは、自信を失わせるマイナスの力をもつ「まじない」に対して、強いNOをいえるかどうかが試される。自信を回復するために、自分の生き方を自分で選ぶ試みでもある。このNOは、明るく、世界に開かれた、建設的な輝きをもっている。

二つ目は、プロジェクトⅪ～自己確認プロジェクト「流転対話」（二〇〇六年度前期）である。ここでは、異なる年齢の自分（たとえば、過去の自分と今の自分、あるいは今の自分と未来の自分）との対話を促す。そうすることで、自己成長を確認する、あるいは予感することで、自己の存在を自分で受けいれ、承認していく試みである。自分が、「生まれた状態」から「生きていく状態」になるのを確認する。自他との比較によってではなく、自己の成長を確認する。これもまた、自分の生き方を自分で選ぶ試みである。

この二つのプロジェクトは、ハイブリッド形も生まれている。

これらのプロジェクトの成果や顛末は、機会があればまた報告し、みなさんからのアドバイスを受けたいと考えている。

最後に、この本の出版に際し、いろいろご尽力いただいた人文書院編集部の井上裕美氏には心よりお礼をいいたい。もちろん、出版を快諾くださった人文書院にも謝意を表したい。

参考文献

會田宏・島田博司編『私を呼ぶモノ～2002年度ゼミ学習成果記録集』六甲出版販売、二〇〇三
會田宏・島田博司編『キャラバン～2003年度ゼミ学習成果記録集』六甲出版販売、二〇〇四
會田宏・島田博司編『ぜみチュー～2004年度ゼミ学習成果記録集』六甲出版販売、二〇〇五
會田宏・西坂珠美・島田博司編『斌栴訓～2005年度ゼミ学習成果記録集』六甲出版販売、二〇〇六
朝日新聞社編『17歳のころ』ブレーンセンター、二〇〇二
家本芳郎『すぐできて楽しい運動会種目ベスト70』たんぽぽ出版、二〇〇三
河合隼雄『おはなしの知恵』朝日新聞社、二〇〇〇
小浜逸郎『「弱者」とはだれか』PHP研究所、一九九九
島田博司編『セレブレイト・ライフ～1999年度前期個人研究レポート作品集』六甲出版、一九九九
島田博司・會田宏編『縁は異なもの～1999年度後期個人研究レポート作品集』六甲出版、二〇〇〇
島田博司「情報編集能力の育成の試み」『武庫川女子大学教育研究所レポート』第二四号、二〇〇〇：再録（島田博司編『サンバースト～2000年度前期個人研究レポート作品集』六甲出版、二〇〇〇）
島田博司編『サンバースト～2000年度前期個人研究レポート作品集』六甲出版、二〇〇〇
島田博司「「学習成果の共有化」の是非」島田博司編『サンバースト～2000年度前期個人研究レポート作品集』六甲出版、二〇〇〇
島田博司「私語のIT革命」島田博司編『サンバースト～2000年度前期個人研究レポート作品集』六甲出版、

二〇〇〇：改題（「メール私語の登場」島田博司『メール私語の登場〜大学授業の生態誌3』玉川大学出版部、二〇〇二）
島田博司・會田宏編『未来への扉〜2000年度後期個人研究レポート作品集』六甲出版、二〇〇一
島田博司「「素の自分」考」島田博司・會田宏編『未来への扉〜2000年度後期個人研究レポート作品集』六甲出版、二〇〇一
島田博司『大学授業の生態誌〜「要領よく」生きようとする学生』玉川大学出版部、二〇〇一
島田博司『私語への教育指導〜大学授業の生態誌2』玉川大学出版部、二〇〇二
島田博司『メール私語の登場〜大学授業の生態誌3』玉川大学出版部、二〇〇二
島田博司・會田宏編『それぞれの物語〜2001年度大学授業ポートフォリオ集』六甲出版販売、二〇〇二
島田博司「ITを利用した授業づくり〜「チャットな気分」と「Eメールによる授業評価」導入の試み」島田博司・會田宏編『それぞれの物語〜2001年度大学授業ポートフォリオ集』六甲出版販売、二〇〇二
島田博司編『耳をすます〜「自分史エッセイ」の試み』甲南女子大学、二〇〇二
島田博司編『ケルン〜「自分史エッセイ」の試み』甲南女子大学、二〇〇三
島田博司編『ケルン〜「自分史エッセイ」の試み【特別完全版】』甲南女子大学、二〇〇三
島田博司「大学の教育力に関する研究（人間教育学科編）」『甲南女子大学教育研究ネットワーク』第二号、二〇〇四
島田博司編『運動会〜〈自分試し〉の物語』甲南女子大学、二〇〇四
島田博司「「自分史作成サポートアンケート」導入の試み」島田博司編『運動会〜〈自分試し〉の物語』甲南女子大学、二〇〇四
島田博司編『ケルンⅢ〜〈自分飾り〉からの脱出物語』甲南女子大学、二〇〇四
島田博司編『ケルンⅢ〜〈自分飾り〉からの脱出物語【大学ガイド版】』甲南女子大学、二〇〇四

島田博司「運動会における危険種目廃止の動き」會田宏・島田博司編『キャラバン〜2003年度ゼミ学習成果記録集』六甲出版販売、二〇〇四
島田博司編『幸せのレシピ』甲南女子大学、二〇〇四
島田博司編『トレイル・エンジェルス〜幸せのレシピ2』甲南女子大学、二〇〇五
島田博司「「競争のない運動会」を考えるために」會田宏・島田博司編『ぜみチュー〜2004年度ゼミ学習成果記録集』六甲出版販売、二〇〇五
島田博司編『まじない〜生きる意味の遍歴〈私たちのプチ言行録〉』甲南女子大学、二〇〇五
島田博司編『なぜなに集〜言葉がとびかう学びの広場』甲南女子大学、二〇〇六
竹田青嗣「自我形成が困難になった現代社会」『PSIKO』創刊号、二〇〇〇
J・トーリ、北代晋一訳『覇者の条件』実業之日本社、二〇〇三
橋口譲二『17歳の地図』文藝春秋、一九八八：改題（『17歳』角川書店、一九九八）
橋口譲二『17歳の軌跡』文藝春秋、二〇〇〇
濱谷英次「大学・短大における情報発信型教育の試み」『武庫川女子大学教育研究所研究レポート』第一二号、一九九五
日比野克彦『100の指令』朝日出版社、二〇〇三
福武書店教育研究所『モノグラフ・小学生ナウ　国際比較調査「7つの都市の子どもたち」』vol・8-10、一九八九
福武書店教育研究所『モノグラフ・小学生ナウ　国際比較調査（2）「都市環境の中の子どもたち」』vol・10-9、一九九〇
福武書店教育研究所『モノグラフ・小学生ナウ　第3回国際比較調査「都市社会の子どもたち」』vol・12-4、一九九二

福武書店教育研究所『モノグラフ・小学生ナウ　第3回国際教育シンポジウム報告書「都市社会の子どもたち」』vol・13-2、一九九三
福武書店教育研究所『モノグラフ・小学生ナウ　第4回国際比較調査「家族の中の子どもたち」』vol・14-4、一九九四
ベネッセ教育研究開発センター『別冊　モノグラフ・小学生ナウ　第5回国際教育シンポジウム報告書』一九九七
ベネッセ教育研究開発センター『モノグラフ・小学生ナウ　子どもは変わったか』vol・19-3、二〇〇〇
R・D・レイン、笠原嘉・志貴春彦訳『自己と他者』みすず書房、一九七五

初出一覧（書き下ろし以外はいずれも大幅な加筆修正をほどこした）

はじめに　「学生たちに必要なのは「他者」という回路」『学研・進学情報』学習研究社、二〇〇五年一一月
第１章　「学習成果の共有目指す個人研究レポート作品集」『学研・進学情報』学習研究社、二〇〇五年一二月
第２章　「〈自分さらし〉促す自分史エッセイづくり」『学研・進学情報』学習研究社、二〇〇六年一月
第３章　書き下ろし
第４章　「〈自分さらし〉促す自分史エッセイづくり」『学研・進学情報』学習研究社、二〇〇六年一月
第５章　「「傷つくこと」がもつ創造的な側面をさぐる」『学研・進学情報』学習研究社、二〇〇六年二月
第６章　書き下ろし
第７章　書き下ろし
第８章　「「体験」を提供する新たな授業の可能性」『学研・進学情報』学習研究社、二〇〇六年三月
第９章　書き下ろし
おわりに　書き下ろし

著者紹介

島田博司（しまだ・ひろし）

1959年生まれ。1986年広島大学大学院教育学研究科博士課程修了。広島大学、武庫川女子大学を経て、1998年より甲南女子大学人間科学部助教授。現在同教授。専門は教育社会学、臨床教育学。著書に『私語の誘惑と人間関係』（六甲出版）、『大学授業の生態誌』『私語への教育指導』『メール私語の登場』（いずれも玉川大学出版局）他、多数。

他者《たしゃ》との出会《であ》いを仕掛《しか》ける授業《じゅぎょう》
—傷つくことからひらかれる

二〇〇六年一〇月一〇日　初版第一刷発行
二〇二〇年　九月一〇日　初版第五刷発行

著　者　島田博司
発行者　渡辺博史
発行所　人文書院
京都市伏見区竹田西内畑町9
電話〇七五（六〇三）一三四四
振替〇一〇〇〇−八−一一〇三
印刷・製本　創栄図書印刷株式会社

ISBN978-4-409-24075-5 C1037